**Democracia Liberal
– A Política, o Justo e o Bem**

Democracia Liberal
– A Política, o Justo e o Bem

Pedro da Rosa Ferro

**DEMOCRACIA LIBERAL
– A POLÍTICA, O JUSTO E O BEM**

AUTOR
Pedro da Rosa Ferro

EDITOR
EDIÇÕES ALMEDINA, S.A.
Rua Fernandes Tomás, nºs 76-80
3000-167 Coimbra
Tel.: 239 851 904 · Fax: 239 851 901
www.almedina.net · editora@almedina.net

DESIGN DE CAPA
FBA.

PRÉ-IMPRESSÃO
G.C. – GRÁFICA DE COIMBRA, LDA.
Palheira Assafarge, 3001-453 Coimbra
producao@graficadecoimbra.pt
Abril, 2012

DEPÓSITO LEGAL
342762/12

IMPRESSÃO E ACABAMENTO
DPS – DIGITAL PRINTING SERVICES, LDA

Apesar do cuidado e rigor colocados na elaboração da presente obra, devem os diplomas legais dela constantes ser sempre objecto de confirmação com as publicações oficiais.
Toda a reprodução desta obra, por fotocópia ou outro qualquer processo, sem prévia autorização escrita do Editor, é ilícita e passível de procedimento judicial contra o infractor.

Por expressa decisão do Autor, este livro foi composto de acordo com a ortografia tradicional.

 | GRUPOALMEDINA

BIBLIOTECA NACIONAL DE PORTUGAL – CATALOGAÇÃO NA PUBLICAÇÃO

FERRO, PEDRO DA ROSA

Democracia liberal
ISBN 978-972-40-4743-0

CDU 321

Aos meus Pais,
à Teresa, ao Nuno

PREFÁCIO

Este é um livro notável, cuja importância seria difícil exagerar. Apresenta-se como um conjunto de ensaios, mas possui uma coerência interna que não escapará ao leitor. Essa coerência é rara entre nós, e não é frequente entre os politólogos contemporâneos. Exprime uma atitude política, ou um olhar sobre o fenómeno político, que escasseia na actual atmosfera intelectual. E, no entanto, essa atitude está entre as fundadoras das democracias liberais em que vivemos, ou que herdámos dos nossos antepassados. Talvez por isso mesmo, por ser fundadora, seja hoje quase esquecida. Mas o esquecimento das fundações e dos fundadores é um risco para a democracia liberal.

Pedro Ferro é um defensor da liberdade. Essa opção de fundo perpassa toda a obra e nunca está em causa. E ele entende-a como a tradição clássica a entendeu, sobretudo como esfera de inviolabilidade da consciência do indivíduo, ou da pessoa humana. Por defender a liberdade, Pedro Ferro exprime uma simpatia de fundo, que chega a ser tocante, pelas pessoas comuns e uma desconfiança saudável relativamente a todos os esquemas de perfeição política – que necessariamente envolvem a concentração de poderes em alegadas elites esclarecidas, ou libertadoras. A opção do autor pela liberdade leva-o a defender sem camuflagem, mas nem por isso sem olhar crítico, a economia de mercado e empresa livre.

Só este aspecto já tornaria o argumento de Pedro Ferro bastante invulgar entre nós. Mas ainda mais invulgar é o facto de o seu argumento a favor da liberdade se fundar numa clara visão substantiva sobre o bem e a verdade. Tornou-se hoje moda acreditar que a defesa da liberdade supõe um relativismo de valores em que, como se costuma dizer, cada um tem a sua própria verdade. Pedro Ferro sabe como é frágil esse alegado suporte da liberdade. Se a liberdade se funda na equivalência entre todas as preferências, ela própria se transforma numa mera preferência, nada podendo dizer sobre preferências rivais, incluindo a preferência pela tirania.

A perspectiva de Pedro Ferro não é essa perspectiva relativista. Nem é essa perspectiva relativista que está na origem da nossa civilização da liberdade, a que chamamos também civilização europeia, ou civilização ocidental. A nossa civilização da liberdade assenta, como Pedro Ferro recorda certeiramente, no diálogo e na tensão entre a filosofia de Atenas e a mensagem revelada judaico-cristã. Pedro Ferro assume-se como cristão e como católico. E talvez esteja aí uma das dimensões mais notáveis destes ensaios: eles explicam, recordam, esclarecem como a democracia liberal do Ocidente e a respectiva economia de mercado são indissociáveis da mensagem cristã.

Finalmente, Pedro Ferro é um grande escritor. A sua escrita é límpida, fluente, agradável. As vastas referências bibliográficas revelam uma erudição que nunca se torna pesada nem pretensiosa. E há nos seus argumentos, quer quando critica, quer quando advoga, uma serenidade e uma ausência de agressividade que distinguem a disposição moderada de um *gentleman*.

Por tudo isto, e por muito mais que aqui não é possível exprimir, mas que o leitor descobrirá com prazer nas páginas que se seguem, este é um livro notável, cuja importância seria difícil exagerar. Em boa hora a editora Almedina decidiu publicá-lo.

João Carlos Espada*
Monte Estoril, Dezembro de 2011

---

* Director do Instituto de Estudos Políticos da Universidade Católica Portuguesa; titular da cátedra *European Parliament/Bronislaw Geremek European Civilisation* no Colégio da Europa, campus de Natolin, Varsóvia.

APRESENTAÇÃO: A 'ALMA DA CIDADE'

1. Este livro agrupa uma série de ensaios que publiquei na revista Nova Cidadania – entre 2008 e 2011 – complementados com textos de duas conferências pronunciadas na AESE[1] e dois artigos inéditos. Os ensaios são apresentados por ordem cronológica de redacção inicial, com as actualizações e notas posteriores indispensáveis. Embora tenham como ponto de partida eventos políticos e sociais episódicos, procuram escapar à espuma do momento fugaz, abrindo para uma reflexão sobre problemas clássicos do pensamento político contemporâneo: natureza, liberdade e direitos; Estado, mercado e sociedade civil; o justo e o bem.

O pano de fundo dos diversos artigos é tecido pelas tensões que afectam e desfiguram o Estado constitucional – suscitados pela erosão do liberalismo clássico e pela moderna 'leitura amoral' da democracia[2]. Na sequência da crise financeira de 2008 – despoletando graves problemas económico-sociais, primeiro, e empolando depois a dívida soberana –, tornou-se banal verberar (com bastante razão, embora unilateral) a cupidez, egoísmo e materialismo crasso do capitalismo rampante das últimas duas décadas. Mas, o problema é mais 'geoló-

---

[1] Agradeço à Nova Cidadania e à AESE terem autorizado a inclusão desses materiais neste livro.

[2] Refiro-me ao esvaziamento moral da democracia liberal – em sentido que será explícito ao longo destas páginas – como se ela pudesse persistir 'desalmada'. A isso faz referência o título desta apresentação, que é tomado emprestado de Jan Patocka.

gico' e estrutural. O estatismo dos decénios anteriores foi igualmente desmoralizador. O desenvolvimento do Estado super-poderoso, tentacular e asfixiante foi acompanhado pela generalização da irresponsabilidade e da frivolidade: o 'abaixamento do olhar', a exacerbação do individualismo, o abandono à gratificação imediata, a liquefacção do casamento e da família, a cultura da facilidade e, enfim, o relativismo ético. Paralelamente, é difícil ignorar o diagnóstico amargo de Michael Sandel quanto ao mal-estar, crispação e ansiedade que caracterizam o nosso tempo e a sua relação com um certo atomismo social e um certo agnosticismo moral, característicos da 'república procedimental'[3].

2. Acresce que a expansão tendencial do Estado a todas as esferas da vida pessoal está a conduzir, por fim, à "expropriação da moral"[4]. Em nome de uma impossível neutralidade, paradoxalmente, o Estado tornou-se o guardião do que passou a ser a nova máxima da 'ética pública': todas as concepções particulares de bem são preferências arbitrárias, e portanto moralmente equivalentes. Daí que o Estado 'liberal' se arrogue crescentemente o direito de zelar – sob coerção – pelas posições morais substantivas dos seus súbditos que contrariem aquele mandamento, chegando ao ponto de vigiar aquilo que os pais ensinam aos filhos.

Mas não é só o futuro das liberdades liberais que está em jogo. Hoje tememos justificadamente o agravamento da desigualdade entre ricos e pobres e a reabertura da 'questão social'[5], mormente por efeito da globalização e das revoluções tecnológicas que, se retiraram milhões de pessoas da miséria, não deixam de ser problemáticas e aflitivas para outros milhões (menos miseráveis talvez). Ora a degradação de padrões afecta particularmente os mais desfavorecidos pela 'lotaria social e genética', na medida em que atrofia os recursos de carácter onde eles seriam mais precisos, prejudica de forma desigual a sua

---

[3] Cf. Michael Sandel, *Democracy's Discontent: America in Search of a Public Philosophy*, Cambridge, Mass., The Belknap Press of Harvard University Press, 1996, p. 3.
[4] Cf. Marcelo Pera, *Por qué debemos considerarnos cristianos*, Ediciones Encuentro, Madrid, 2010, p. 159.
[5] Cf. Tony Judt, *Um tratado sobre os nossos actuais descontentamentos*, Edições 70, Lisboa, 2010, Cap. VI.

capacidade escolar e empregabilidade, e agudiza a sua fragilidade económica (também pela seca das tradicionais fontes de apoio conjugal e inter-geracional). Do outro lado – no que respeita às elites sociais e políticas – não é possível escamotear os estragos causados por arrogância, demagogia e cobardia: aquilo a que se convencionou chamar 'falta de liderança'.

Lidar com a nova questão social – e simultaneamente com a desordem monetária, o inverno demográfico, as migrações, a urbanização acelerada, o proteccionismo, o ambientalismo (geralmente inflacionado), etc. – não é apenas matéria de boas intenções, mas de prudência política. O que gostaria de sublinhar é que a 'narrativa moral' reinante não é alheia à presente crise civilizacional; e que a decadência moral não é o melhor equipamento para enfrentar os desafios do futuro. Por fim, deveríamos talvez recordar o dilema que, segundo Max Weber, enfrentaria a civilização ocidental: ou uma renovação espiritual ou, em alternativa, a "petrificação mecanizada, envernizada por uma espécie de presunção compulsiva", sendo que este último cenário significaria o domínio dos "especialistas sem espírito", e dos "voluptuosos sem coração"[6].

3. Estes ensaios reflectem naturalmente as opções políticas do autor. Suponho que elas se tornarão evidentes – se não o foram já – para todos os leitores, mas gostaria de enunciar previamente algumas delas, em traços gerais, para poupar mal-entendidos: a assumpção das premissas do Estado constitucional – o primado da lei, a limitação e separação de poderes, a garantia dos direitos fundamentais, da liberdade de crítica e do pluralismo, o governo fundado no consentimento e a igualdade perante a lei; uma presunção favorável à liberdade; o respeito crítico pela tradição; a responsabilidade do Estado pelos membros mais vulneráveis da sociedade, de forma a permitir vidas decentes para todos, mas favorecendo a sua autonomia; a preferência por um Estado pequeno mas forte, consciente da sua falibilidade e subsidiariedade; a crítica do Estado paternalista e educador,

---

[6] Cf. Max Weber, *A Ética Protestante e o Espírito do Capitalismo*, no final do Cap. V. 2. Ver também Leo Strauss, *Direito Natural e História*, Edições 70, Lisboa, 2009, p. 39.

recusando a tentação de reorganizar a sociedade ou formatar a vida dos cidadãos; a simpatia pela economia de mercado; a reserva quanto à proeminência dos poderes 'independentes' – tecnocráticos, burocráticos, supranacionais ou judiciais – relativamente aos decisores eleitos e sujeitos a escrutínio; a proposta de melhoramentos e reformas assentes na evolução gradual, em arranjos parcelares, no compromisso e na diversidade, dispensando a ambição de criar um 'mundo novo', antes procurando garantir a liberdade e o direito, minimizar o sofrimento humano evitável, favorecer que a mudança política se faça sem violência e tentar prevenir as escolhas trágicas; o reconhecimento da família heterossexual monogâmica como um 'bem público'; a convicção de que a identidade nacional é importante para o bem comum dos portugueses, tal como acontece com outros países, e de que o Estado – preservando um núcleo de soberania e independência – tem um papel não dispensável na protecção desse bem; e, sobretudo, a invocação do igual valor e dignidade da pessoa humana e da consciência individual.

Relativamente ao último ponto, argumentarei a favor quer da incompatibilidade entre a democracia liberal e o relativismo moral, quer da insustentabilidade do liberalismo deontológico – silente sobre os fins do homem e sobre o conteúdo do seu agir – como garante da liberdade e dos direitos. Uma democracia relativista e nihilista é autofágica, como a história documenta. O conceito de pessoa – como titular de dignidade e de 'direitos naturais' – é incontornável. Essa dignidade não pode derivar da optimização discursiva e procedimental segundo Habermas, nem da 'posição original' segundo Rawls, nem do processo democrático em geral: é antes o seu pressuposto pré-político[7].

4. A meu ver, de acordo com grande parte da tradição do liberalismo clássico (pelo menos de forma implícita), o mais firme e razoável fundamento para essa dignidade é fornecido pela tradição bíblica: cada pessoa é um ícone de Deus. Claro que isto não é uma solução política, uma vez que essa convicção não é consensual. A descoberta racional do que é justo por natureza, mediante uma investigação

---

[7] Cf. Marcelo Pera, *ibidem*, p. 109.

antropológica, acessível a todos, deve ser ensaiada, mas encontra também os seus escolhos. A alternativa do humanismo secular – postular essa dignidade como única forma de conseguir um *modus vivendi* político, a par de alguma sensibilidade moral aos dramas da condição humana – é viável mas também incerta. Vou também sugerir que o alicerce post-moderno para essa dignidade – a 'autonomia'[8], entendida como escolha arbitrária dos fins, conforme critérios subjectivos – é insuficiente e condicional, e sublinharei os perigos que espreitam a democracia liberal, quando esta se descobre agnóstica das suas fundações clássicas. No primeiro ensaio, abordarei as questões suscitadas pela manipulação genética e pela biotecnologia, com vista à criação do homem post-humano ou trans-humano com que sonhava Julien Huxley. Esse sonho é, na verdade, um pesadelo, no qual a pessoa é reduzida a coisa 'disponível' e perde o respeito por si própria. Em contraponto, no último ensaio, ilustrarei as implicações públicas da religião. Entre outros efeitos, a religião lembra ao homem que ele – mesmo sendo César (e especialmente se o for), mesmo em nome da vontade da maioria – não é Deus: não é omnipotente, a sua ciência não é omnisciente, não é perfeito, não é senhor da vida, da sorte e da morte (nem da sua nem da dos outros), não pode garantir a felicidade, nem prometer o paraíso – e, se o acometer, acabará por oferecer um inferno.

5. Reconheço que os ideais políticos que referi estão – também eles – sujeitos a fricções numa sociedade aberta, se atendermos ao facto do 'politeísmo dos valores'. Ao longo do livro levantarei interrogações para que não tenho resposta (nem sei se há). Mas a teoria política sabe que a política não é essencialmente teórica. Pertence ao âmbito da razão prática, na intenção dos fins e escolha dos meios. A dimensão nuclear da política é a prudência, em sentido clássico. Combina critérios de natureza 'principial' – como os referentes à justiça – com a ponderação das circunstâncias e da oportunidade, o conselho e razões dos outros, a experiência sofrida, as lições da

---

[8] De facto, esse 'fundamento' foi já sugerido por Max Weber. Cf. Leo Strauss, *ibidem*, pp. 41 e seguintes.

história e dos casos precedentes, a fidelidade à própria consciência e a responsabilidade pessoal. Em geral favorece a moderação, o equilíbrio e o compromisso, mas não sempre (quando estão em causa bens inegociáveis). A esse respeito, Thomas More, Abraham Lincoln ou Winston Churchill são bons exemplos. Entretanto, se idolatrarmos os mercados, o interesse público ou a nação, a segurança ou o crescimento económico, e mesmo a igualdade, a liberdade ou a paz, esses deuses transformam-se em demónios, que se devoram a si próprios (e a nós...). Apenas podemos pretender a construção de uma ordem social relativamente boa e justa – nunca a mitológica sociedade ideal e perfeita – e mesmo assim sempre frágil. Mas, por essa melhoria possível, devemos bater-nos.

6. Nestas páginas há também linhas invisíveis: as que contam o contributo amigo de muitas pessoas que gostaria agora de reconhecer. Em primeiro lugar, agradeço a João Carlos Espada a inspiração proporcionada pela cultura de elevação, gosto pela liberdade e espírito independente que caracterizam o Instituto de Estudos Políticos e a Nova Cidadania. Devo também uma palavra de agradecimento especial a Pedro Afonso, José M. André, José Carpinteiro, José Colen, Raul Diniz, Nuno Ferro, Pedro Gil, Jorge R. Machado, João Oliveira, Pedro V. Patto e Alexandra Tété pelas animadas conversas e discussões sobre estes temas e, ou pela leitura crítica de versões preliminares destes ensaios – o que não diminui, obviamente, a minha inteira responsabilidade pelas convicções expressas e por eventuais incorrecções. Por último, agradeço à minha família, da qual sou devedor mais do que posso suspeitar.

Dezembro de 2011

Pedro da Rosa Ferro
pedro.rosa.ferro@gmail.com

A abolição do humano?

> *"Man's final conquest has proved to be the abolition of Man.*
> *Man's conquest of Nature turns out (...) to be Nature's conquest of Man."* *
>
> C. S. Lewis, *The Abolition of Man*

O Reino Unido aprovou recentemente uma nova "Lei de Embriologia e Fertilização Humana", contemplando a ampliação das experiências científicas com embriões humanos e, inclusivamente, o fabrico de embriões híbridos (de animal e humano) para investigação: foi apresentada enfaticamente como a "entrada na era da medicina do século XXI". Essa lei – objecto de justa e acesa polémica – constitui um degrau mais na escalada aparentemente imparável da manipulação genética e suscita profundas questões sobre a vida e dignidade humanas. Já não é razoável depositar muitas esperanças na eficácia do escrutínio político dessas experiências ou na sua contenção por efeito do mercado livre, e muito menos na sua auto-regulação pela comunidade científica[1]. O 'génio' biotecnológico já escapou da gar-

---

* Manter-se-á a língua original em algumas citações – quer nas epígrafes quer no corpo do texto – sempre que se considerar que a tradução retiraria expressividade à frase.

[1] Recordemos que, para o *lobby* cientista, aquilo que a ciência pode fazer, deve fazer.

rafa. Neste texto, procurarei apresentar algumas das manifestações do assalto contemporâneo ao valor específico da condição humana – nomeadamente, por parte do cientismo biotecnológico e de um certo vitalismo – sugerindo que essa vaga ideológica socava os fundamentos da democracia liberal.

Hoje, a nossa sociedade assiste impávida à destruição ou armazenamento de embriões e à sua instrumentalização, para benefício de terceiros. Não conseguimos evitar a impropriamente chamada 'clonagem terapêutica' e a utilização de embriões como depósito de órgãos ou tecidos, matéria-prima humana ou recurso natural, a ser extraído, explorado e 'mercadorizado'. Amanhã, por este caminho, não impediremos a clonagem humana e a reconstrução genética *à la carte*. Desvanecer-se-á a diferença entre procriação e produção, entre geração humana e fabrico. Os bebés passarão a ser produto do nosso projecto, desígnio e desenho, para satisfação dos nossos desejos e interesses, mas já não serão filhos: seres únicos, combinação de amor, natureza e sorte. Perder-se-á a dimensão de "abertura ao gratuito" de que fala Michael Sandel[2], substituindo-a por uma atitude de dominação e controlo face ao mundo e ao outro.

Os velhos objectivos da Medicina eram preservar a vida, curar a doença e aliviar a dor. Agora, a corporeidade humana foi 'desalmada' e assumida como matéria bruta e propriedade patenteável e transaccionável. Agora, como diz Leon Kass[3], é a própria natureza humana que está prostrada na mesa de operações, disponível para 'aperfeiçoamento' eugénico e neuro-psíquico, e paciente inerme para todas as fantasias da reengenharia humana, num pacto fáustico com o cientismo e com os interesses comerciais[4]. De certo modo, trata-se de mais um episódio – o último? – da *hubris* racionalista e do projecto utópico de refazer a humanidade à sua própria imagem. Antes, consideráva-

---

[2] Cf. Michael Sandel, *The Case against Perfection: Ethics in the Age of Genetic Engineering*, Harvard University Press, 2007, *passim*.

[3] Cf. Leon R. Kass, *Brave New Biology, The Challenge for Human Dignity*, The Institute of United States Studies, University of London, 2002.

[4] Cf. Giuliano Ferrara, comunicação na apresentação em Madrid da iniciativa *Moratória sobre o Aborto*, em 25 de Fevereiro de 2008.

mos que o homem e a mulher foram criados por Deus à Sua imagem e semelhança. Depois, Feuerbach e mais tarde Freud, entre outros, anunciaram que tinha sido o Homem a criar deus à sua imagem e semelhança e que chegara a altura de pôr termo à alienação religiosa, assumindo que "o homem é para o homem o ser supremo". Agora, por fim, o homem colhe o derradeiro fruto da 'árvore da vida' e passa a ser criatura, imagem e produto de outro homem, o seu novo deus e autor.

Entretanto, difunde-se uma cultura sanitária e uma 'ideologia de perfeição' que exclui qualquer esperança para os débeis, os 'anormais' e os indefesos de qualquer tipo; pressiona-se a liberalização da eutanásia; sugere-se que os nascituros com algum tipo de deficiência têm o direito (!) de ser eliminados, até ao próprio momento do nascimento, convertendo o aborto dessas *wrongful lives* num dever da sociedade; favorece-se a liquidação de neonatos vivos, fruto de aborto terapêutico na 22ª ou 23ª semana de gestação; arroga-se o poder de definir quais as vidas que não são dignas de ser vividas. Não nos assalta o espectro do monte Taigeto?

Que é o Homem?
De facto, o infanticídio nunca esteve tão perto. Quando, há já muitos anos, Peter Singer defendeu essa possibilidade foi justamente acolhido com horror. Já não é assim. As suas posições radicais são coerentes com a actual coisificação da natureza humana. Constituem o desenvolvimento e cristalização de premissas presentes na visão materialista do mundo, como ele próprio ilustra, aliás com uma certa elegância e desassombro.

Assim, a fronteira outrora infrangível entre a espécie humana e os outros viventes tende a esfumar-se. Com Peter Singer, considera-se que o 'especismo' – a suposição da superioridade do homem sobre as outras espécies – é uma forma de racismo. A mesma ideia é propagada por zelosos profetas de um futuro post-humano e pelos crentes dos direitos da Terra. Para eles, a sacralidade da vida, o valor intrínseco da pessoa humana e os absolutos morais da tradição judaico-cristã e da civilização ocidental devem ser descartados: a humanidade das pessoas é irrelevante do ponto de vista moral. Em vez disso propõem um misto de vitalismo iluminado e utilitarismo radical centrado numa equívoca 'qualidade de vida' – racionalidade actual, auto-consciência, empatia, agência moral – passível de atribuição graduada entre os indivíduos das várias espécies animais.

Nestes termos, a incapacidade actual de ter experiências conscientes gratificantes e auto-determinantes – como no caso dos não nascidos ou das crianças recém-nascidas, dos adormecidos ou dos moribundos, dos dementes ou de algum modo deficientes – despojaria a vida humana do seu valor (excepto se for 'desejada' por outrem), comparando-a desfavoravelmente com a de qualquer chimpanzé adulto saudável e desperto, por exemplo. Contudo, a potencialidade não actualizada das funções pessoais não reduz alguém (um ser humano) a uma coisa (um algo), a um 'vegetal humano', na arrepiante expressão de Singer. Mantém-se a dignidade correspondente à sua natureza – residente no nível ontológico – dignidade que é expressiva da pessoa na medida em que esta comporta um *novum* no ser, irredutível ao universo físico e aos outros, essencialmente não disponível.

Mais. A afirmação da dignidade inviolável de qualquer ser humano – desejado ou imprevisto, saudável ou doente, brilhante ou mentecapto, no dealbar (e mesmo escondido no seio materno) ou no ocaso da vida – constituiu, até há pouco tempo, uma linha de demarcação entre a civilização e a barbárie. E a atitude da sociedade face à vulnerabilidade e finitude humanas manifestava e sinalizava o que era considerado mais precioso – a reverência à dignidade humana, oculta, ameaçada ou violada no sofrimento, no desfavor da natureza ou na injustiça – e fazia prova dos laços que unem a nossa humanidade comum. Porque grandeza e especificidade humanas não habitam apenas na dignidade de indivíduos autónomos (tal como é glorificada pelo vitalismo extremo), mas também na vida comummente vivida, encarnada, marcada pela carência, limitação e morte.

Um futuro post-humano?

A profanação da humanidade deve ser rejeitada. Não por ignorância da ciência ou medo do novo e desconhecido. Não se trata certamente de demonizar a genética, porque pode proporcionar novos recursos para eliminar o sofrimento humano. Mas é impossível e imprudente ignorar o "poder apocalíptico"[5], as ameaças e o nihilismo latentes no império do cientismo ideológico, sem restrições morais, em aliança com a degradação da dignidade humana. Eles minam os fundamentos da comunidade política e destroem a película fina que a protege. Rompem a solidariedade humana, espezinhando os direitos dos mais fracos, à mercê dos mais fortes e 'autónomos'. Operam a erosão, talvez definitiva, da ideia de homem – do homem comum – como ser nobre, digno, valioso e (para alguns) imagem de Deus.

Aldous Huxley previu lucidamente como o imperativo biotecnológico esvaziaria de sentido a liberdade e a democracia, de tal modo que no seu 'mundo novo' não seria sequer necessário reprimir o pensamento independente, uma vez que nesse mundo admirável não valeria a pena pensar. Ao perseguir a segurança, a saúde e o bem-estar físico como os maiores bens humanos – e a sua satisfação como única exigência ética – acabamos inexoravelmente por sacrificar os bens morais e espirituais que dão sentido, razão e dignidade às nossas vidas.

Por seu turno, Chesterton descreve algures o comportamento contraditório de certos progressistas que, de manhã, protestam em comícios políticos porque os patrões tratam os seus operários como animais e, à tarde, num encontro científico, vêm defender que as pessoas não são senão animais.

Recentemente, na mesma linha, o *The Economist*[6] manifestava um certo desconforto com a erosão do valor da liberdade subjacente à interpretação materialista dos avanços da moderna neurociência. Na verdade, que sentido pode ter a exaltação política da liberdade individual – que constitui o programa ideológico dessa revista – quando, ao mesmo tempo, se sustenta 'cientificamente' que o livre arbítrio ou a autodeterminação são afinal uma ilusão, e que o homem não tem, de facto, liberdade de escolha, e não passa de um feixe de sinapses, mais ou menos evoluído?

Com efeito, a civilização assenta no reconhecimento da singularidade e dignidade específica da condição humana, distinta de todos os outros animais e organismos: radica na convicção de que o homem,

---

[5] Cf. Hans Jonas, *Técnica, Medicina e Ética*, Paidós, 1997, *passim.*
[6] Cf. *The Economist*, "Free to choose?", December 23rd 2006.

por si mesmo, simplesmente por pertencer à espécie humana, é sujeito de direitos e a sua própria existência é portadora de valores e normas. É o igual valor e dignidade de cada pessoa humana que funda a exigência de uma esfera da liberdade inviolável, com validade moral absoluta. Essa dignidade – a da nossa natureza comum – é também a fonte da igualdade entre todas as pessoas e da unidade do género humano.

Neste contexto, há alguns anos já, Fukuyama[7] recordou que a natureza humana modela e delimita a natureza da política e destacou o nexo existente entre direitos humanos, natureza humana e dignidade humana, sugerindo em consequência que a transformação biotecnológica dos seres humanos teria consequências funestas para a democracia liberal.[8]

O lugar da verdade no espaço público

É certo que, numa perspectiva democrática liberal, a justificação dos direitos e liberdades fundamentais se apoia em argumentos de razão pública e em valores essencialmente políticos (mais do que metafísicos e do que em pretensões de 'verdade'), cujas instâncias de legitimação são as regras democráticas e a justeza processual. Mas, mesmo atendendo ao facto, inegável, da pluralidade de visões morais rivais presente na sociedade, o constitucionalismo democrático liberal não subsume a verdade e a justiça na factualidade da lei positiva, ainda que validada pela maioria, nem é inteiramente neutra, em termos morais e ideológicos. Remete para o valor da pessoa humana. Está ancorado em determinados pressupostos antropológicos, éticos e religiosos que o

---

[7] Francis Fukuyama, *Our Posthuman Future: Consequences of the Biotechnological Revolution*, Farrar, Straus and Giroux, 2002.

[8] Todavia, importa recordar que a recusa da dissolução do humano presente no projecto biotecnológico utilitarista se pode derivar não só da perspectiva da corrupção da dignidade dos indivíduos das gerações vindouras que dele resultaria, mas também no aviltamento da nossa própria dignidade já e agora. "A abolição do homem não é algo que nós fazemos aos outros, mas – perversamente, mesmo se inconscientemente – algo que fazemos a nós próprios." Cf. Marc D. Guerra, "The Abolition of Man?", *First Things*, October 2002.

suportam[9]. Do mesmo modo, o liberalismo clássico supõe o reconhecimento de algumas verdades básicas sobre a pessoa humana, a sociedade e o poder do Estado soberano. Tem as suas raízes em premissas cognitivas e está embebido em tradições culturais que não podem ser entendidas com independência da história do ocidente cristão e do seu contexto bíblico, grego e romano[10]. Enfim, teríamos que voltar a enfrentar o famoso (de 1967) *dictum* de Böckenförde: o Estado liberal secular vive de recursos morais que não pode criar ou garantir por si próprio; necessita de pressupostos normativos não contratuais e pré-políticos, que não são fruto do processo de deliberação democrática mas que o tornam possível. A liberdade, o direito, as instituições políticas liberais, bem como a autonomia individual, o pluralismo ou a tolerância são alimentados por antigas e fortes convicções e visões 'compreensivas'.

Em sentido contrário, Habermas argumentou nesse debate a favor da (auto)suficiência do processo democrático, no âmbito do seu peculiar republicanismo kantiano. A concepção procedimental inspirada pelo filósofo de Königsberg proporcionaria uma justificação autónoma e auto-referencial dos direitos fundamentais, supostamente aceitável por todos os cidadãos razoáveis, dispensando o recurso a "crenças éticas pré-políticas"[11].

Pode dizer-se que esta posição culmina um longo percurso iniciado nos alvores da Ilustração. No âmbito da emancipação do direito e da moral, e com o fito de proteger a convivência política de controvérsias teológicas e metafísicas, Hugo Grócio e Pufendorf, entre outros, tentaram fundar racionalmente as normas morais essenciais, que seriam universalmente válidas *etsi Deus non daretur*, mesmo que Deus não exis-

---

[9] Cf. Martin Rhonheimer, "Christian Secularity and the Culture of Human Rights", em: Symposium *A Growing Gap – Living and Forgotten Christian Roots in Europe and the Unites States*, 2006, pp. 5-6.

[10] Cf. Martin Rhonheimer, "The Political Ethos of Constitutional Democracy and the Place of Natural Law" in Public Reason: Rawls's «Political Liberalism» Revisited" (Notre Dame Law School, Natural Law Lecture 2005), *The American Journal of Jurisprudence*, 50, 2005, pp. 5-7.

[11] Cf. Joseph Ratzinguer e Jürgen Habermas, *Dialéctica de la Secularización*, Ediciones Encuentro, 2006, pp. 27-30.

tisse[12]. Essa experiência 'moderna' – prosseguida através de esforços estrénuos de pensadores ilustrados – terá caducado[13]. Ela foi possível enquanto o cristianismo nutria ainda as convicções morais fundamentais dos cidadãos. Já não parece alcançável o consenso básico ou a certeza partilhada nos princípios essenciais, não já sobre a 'vida boa' mas sobre o bem comum ou sobre o 'justo'. Aparentemente, estão a esgotar-se as reservas ecológicas – morais e cognitivas – de que tem vivido o projecto iluminista. O 'descarrilamento' parece óbvio. Reforçadas pelo avanço da ideologia cientista e da banalização do nihilismo, subsistem as dúvidas sobre se um deontologismo silencioso sobre os fins do homem e sobre o conteúdo das suas acções é garantia suficiente da liberdade e do direito, e se a 'política sem Deus' consente o mínimo ético comum necessário para sustentar uma sociedade livre, vigorosa e hospitaleira.

A secularização bem entendida

É neste quadro que se insere a provocação de Joseph Ratzinger[14], inspirada em Pascal e Kant: para fundar as bases da vida pública seria preciso inverter o axioma dos teorizadores do direito natural racional e agir *veluti si Deus daretur*, como se Deus existisse. Em suma, "agirmos livres e iguais como se fôssemos todos filhos de Deus; respeitarmo-nos uns aos outros como se fôssemos feitos à imagem de Deus"[15]. Que podemos dizer de semelhante proposta? Ela pode ser entendida como eco de uma das vozes históricas da grande conversação da teoria

[12] *Ibidem*, pp. 60-61. Aliás, foi muitas vezes sugerido que a peculiaridade da modernidade consistiria na secularização da fé bíblica. Conforme notaram pensadores políticos muito diversos, como Tocqueville ou Nietzsche, a secularização seria uma tentativa de preservação (ou 'tradução', na expressão de Habermas) dos pensamentos, sentimentos e moral de origem judaico-cristã, depois da perda ou atrofia do seu fundamento transcendente, ou após a "morte de Deus". Tratar-se-ia ainda, nos casos extremos, da substituição da esperança sobrenatural no paraíso celeste pelo estabelecimento de um paraíso terrestre, com meios exclusivamente humanos. Ver, por exemplo, Leo Strauss, *An Introduction to Political Philosophy*, Wayne State University Press, 1989, pp. 82 e 83.

[13] Cf. Joseph Ratzinguer, *A Europa de Bento na Crise das Culturas*, Alêtheia Editores, 2005, p. 39.

[14] *Ibidem*, pp. 39 e 40.

[15] *Ibidem*, do prólogo de Marcello Pera, p. 15.

política ocidental; ou como uma forma de respeito crítico pela tradição, caro ao pensamento liberal clássico, reconhecendo também que o Estado secular é historicamente um fruto maduro – embora talvez tardio – da civilização cristã. Numa perspectiva diversa, mas não divergente, Habermas advoga a conveniência do diálogo entre a "cons-ciência iluminada da modernidade" e as tradições religiosas, no seio de uma 'sociedade post-secular'[16], com vista a confortar a viabilidade – ao nível motivacional e fenoménico – do seu liberalismo político, vulnerável a perigos de 'descarrilamento' (como no caso das manipulações genéticas, de que é um severo crítico[17]).

Contudo, a aceitação da hipótese de viver como se Deus existisse não é provável. Mesmo ignorando o carácter adversarial e voltairiano do iluminismo continental, essa proposta contraria a tese imperante de que o ateísmo hipotético ou o agnosticismo devem ser considerados como a posição *default* no discurso público de um Estado secular[18]. Mesmo assim, vale a pena – para aqueles que recusam a abolição do humano – aceitar de bom grado o repto da secularização bem entendida. Precisamente pela primazia política prática do processo democrático, da liberdade e do pluralismo sobre a metafísica, a consciência da relação entre a verdade sobre o homem e a liberdade deve ser reforçada e cultivada no plano pré-político: familiar, educativo, mediático, cultural[19]. Trata-se de contribuir para a formação do sistema de valores da sociedade, permeando-os de substância moral, nomeada-

---

[16] Cf. Joseph Ratzinguer e Jürgen Habermas, *Dialéctica de la Secularización*, Ediciones Encuentro, 2006, pp. 66-67. No mesmo contexto, Ratzinguer adverte para a coexistência de patologias quer da religião quer da razão, carecendo ambas – a razão e a religião – uma da outra, para purificação e regeneração recíprocas. Ver também Mário Pinto, "O Estado de Direito Democrático Secular – entre a impotência e a exorbitância", *Nova Cidadania*, Janeiro-Março de 2008, p. 24.

[17] Cf. Jürgen Habermas, *El futuro de la naturaleza humana*, Paidós, 2002.

[18] Todavia, essa ideia carece de demonstração. Ver John Finnis, *Economy or Explication? Telling the Truth about God and Man in a Pluralist Society*, 2004, pp. 3-4. http://web.princeton.edu/sites/jmadison/calendar/conferences/1004%20Conf-Finnis%20paper.pdf.

[19] Cf. Martin Rhonheimer, "Christian Secularity and the Culture of Human Rights", em: Symposium *A Growing Gap – Living and Forgotten Christian Roots in Europe and the Unites States*, 2006, p. 7.

mente ao nível regulado pela lei natural; não consentir na profanidade absoluta do espaço público e no encerramento do fenómeno religioso num gueto de subjectividade; e resistir à tentação do 'exílio interno'[20] e à lógica do enquistamento defensivo.

Uma nota final, do ponto de vista cristão. Tocqueville percebeu e preveniu os riscos de despotismo e degradação que pendiam sobre as sociedades democráticas se e quando a ética (e a religião) fossem abandonadas. O cristianismo americano parecia-lhe ser o que dava consistência à frágil construção de uma comunidade de indivíduos livres num ordenamento democrático e livre. Contudo, não será talvez possível evitar esses perigos se e quando o cristianismo for instrumentalizado e reduzido a convenção protectora ou lubrificante do corpo social, moralismo político, religião civil ou ficção útil, em vez de proposto e procurado (livremente) em si mesmo como verdade salvadora e plenitude humana.

Agosto de 2008

---

[20] Cf. Gertrude Himmelfarb, "Democratic remedies for democratic disorders", *Public Interest*, Spring, 1998, p. 9.

Política e felicidade

"Mas eu não quero conforto. Quero Deus, quero a poesia, quero o autêntico perigo, quero a liberdade, quero o pecado.
Em suma – disse Mustafá Mond – você reclama o direito de ser infeliz."
Aldous Huxley, *Admirável Mundo Novo*

"...felicidade significa liberdade, e a liberdade consiste na coragem."
Tucídides, *História da Guerra do Peloponeso.*
Oração Fúnebre de Péricles

Nos últimos tempos, assistimos a um surto de interesse e investigação académica ou jornalística sobre o tópico da felicidade, evidenciado não apenas no âmbito da filosofia política, da psicologia e da sociologia, como também no campo da gestão de organizações, das políticas públicas e da literatura económica[1]. Procura-se a 'fórmula da felicidade' e a solução da 'equação da felicidade'. Pede-se ao Estado

---

[1] Ver *Público*, Caderno de Economia, "A Fórmula da felicidade" e "A biblioteca essencial", 4 de Julho de 2008. Ver também *The Economist*, "Happiness (and how to measure it)" e "Happiness and economics", December 23rd 2006. Ver ainda "The Politics of Happiness" – a *NEF discussion Paper*, New Economics Foundation, 2003 (2008.09.29) em http://www.neweconomics.org/gen/uploads/4bnnmjil4o4jbn45fbqbtgi 219112003184915.pdf

que promova a 'democracia emocional' ou a 'literacia emocional'. E solicita-se às empresas que se transformem em 'organizações positivas', preocupadas com a felicidade e o *flow* dos seus colaboradores.

Neste contexto é costume evocar Wanchulk, rei do Butão, remota monarquia dos Himalaias, como autor da sugestão de substituir o Produto Interno Bruto pela Felicidade Interna Bruta, como indicador do desempenho económico global de um país, sinal do seu compromisso com a convicção de que "o dinheiro não traz felicidade". Esta ideia peregrina (a de reformular o PIB, nestes termos) foi de algum modo recoberta de respeitabilidade por Richard Layard, da LSE, um dos mais nomeados gurus da novel 'ciência da felicidade', e antigo assessor do Governo de Tony Blair[2]. Para Lord Layard o primeiro objectivo da política pública deveria ser tornar a sociedade mais feliz. O PIB é certamente melhorável ou substituível por um indicador mais significativo, relevante e abrangente[3]. Mas a tentativa de contabilização da 'felicidade bruta' de um país é claramente um disparate.

A moda da felicidade, em conjunto com a retórica balofa dos manuais de auto-ajuda e do pensamento positivo, sucedâneo barato (e falaz) do esforço moral, suscita justamente alguma irritação. Contra-corrente, alguns autores[4] tecem o elogio da melancolia e deploram a procura obsessiva da felicidade como contraproducente e geradora de depressão. Agora, todavia, gostaria sobretudo de abordar critica-

---

[2] David Cameron é também um adepto da 'política da felicidade', tendo declarado a este propósito "Deveríamos pensar não apenas no benefício que representa colocar dinheiro nos bolsos das pessoas, mas no que significa **colocar alegria no coração das pessoas**. Quando os políticos consideram os diversos assuntos, deveriam dizer de si para si: «como é que podemos assegurar que as pessoas ficam não apenas em melhor situação económica, mas também **mais felizes**» ...". Cf. Mark Easton, "Happiness Formula", *The Politics of Happiness*, BBC News, 2006.05.22, em
http://newsgroups.derkeiler.com/pdf/Archive/Soc/soc.culture.singapore/2006-05/msg01506.pdf.

[3] Recentemente foi elaborado um estudo coordenado por um painel de notáveis – Joseph Stiglitz, Amartya Sen e Jean-Paul Fitoussi – visando precisamente esse objectivo, a pedido de Nicholas Sarkozy. Cf. *Report by the Commission on the Measurement of Economic Performance and Social Progress*, www.stiglitz-sen-fitoussi.fr.

[4] Ver, por exemplo, Eric Wilson, *Against Happiness – In Praise of Melancholy*, New York: Sarah Crichton/ Farrar, Straus, and Giroux, 2008.

mente alguns aspectos desta vaga que me parecem equívocos e perigosos: quer no plano das políticas públicas, quer no da filosofia moral e política.

Capitalismo e alegria

Em parte, a actual preocupação com a felicidade está associada a um olhar reprovador sobre o capitalismo e sobre a economia de mercado, baseada na sua suposta inferioridade moral. Apoia-se também na ambiguidade da correlação empírica entre riqueza e felicidade declarada ou entre crescimento económico e bem-estar subjectivo[5]. Invoca o indisfarçável e difuso mal-estar alegadamente presente nas sociedades democrático-liberais de tipo ocidental e a constatação da falência do consumismo para proporcionar felicidade. Combina-se com expectativas *a priori* e juízos normativos sobre a sociedade de consumo, vista como jogo caleidoscópico e ciclo vicioso de desejo, saciedade e frustração, de compulsão e *stress*, de ansiedade e inveja, a que acrescem a liquefacção dos vínculos e a insegurança.

Este 'jugo do hedonismo'[6] seria explicável, entre outras razões, pela natureza relativa e simbólica dos bens perseguidos numa economia de mercado. Tratar-se-ia de 'bens posicionais', na expressão de Fred Hirsch[7]: aqueles cujo valor depende da sua selectividade e somente fruídos na condição de que outros não os alcancem também. Acresce a subida espiral das expectativas operada pelo (sucesso do) capitalismo. Ao invés de libertar o homem da necessidade, esse sistema estimularia a rivalidade e a criação incessante de novas necessidades, alimentando uma infinita e ilusória avidez, e exigindo aos homens repetidos sacrifícios para alcançar e possuir certos bens, para logo verificar, uma vez obtidos, que afinal não valiam tanta pena. Ora, como dizia Oscar Wilde, pior do que desejar uma coisa e não a possuir é possuir essa coisa e não a desejar. Mas o processo recomeça sempre, uma e outra

---

[5] Cf. Zygmunt Bauman, *Vida de Consumo*, Fondo de Cultura Económica, 2007, pp. 68 e seguintes.

[6] Cf. Richard Layard, *Happiness – Lessons from a New Science*, Penguin, London, 2005. Ver Bauman, *op. cit.*, p. 69.

[7] Cf. Fred Hirsch, *Social Limits to Growth*, Routledge & Kegan Paul, London, 1977.

vez, qual Sísifo, cego, carregando penosamente o seu fardo ladeira acima, logo que aparece uma nova e ofuscante miragem publicitária. E, como dizia Camus, é preciso imaginar Sísifo feliz...

É difícil não reconhecer alguma justeza na análise – de Bauman, Layard ou Hirsch, entre outros – da cultura saturada de consumismo e hedonismo. A questão não reside tanto na economia de mercado – sistema que não é certamente perfeito mas permite, dentro de certas condições institucionais e morais, maximizar a liberdade de escolha, com claras vantagem sobre as alternativas. Mas o problema emerge realmente quando o paradigma do mercado e a cultura mercantil invadem e impregnam todas as dimensões vitais, quando – segundo Bauman – a lógica utilitarista se torna o padrão de todas as acções humanas, e tudo e todos podem ser objectos de consumo e passíveis de aquisição, fruição e detrito.

Do mesmo modo, são certamente benévolas algumas das preocupações manifestadas a este respeito sobre a importância do casamento e da família, da conciliação entre o trabalho e o lazer, da disponibilidade de tempo para os outros, do voluntariado e do descongestionamento urbano, por exemplo, (bem como, embora com algum exagero, sobre a obesidade).

Todavia, parecem equivocados nos seus fundamentos quer a definição do problema quer o seu propósito. E o engano nasce daquilo que se pode esperar e deve exigir da economia de mercado e da política liberal. É verdade que a Declaração de Independência dos EUA afirma que todos homens foram criados iguais e dotados pelo seu Criador de certos direitos inalienáveis, entre os quais figuram a vida, a liberdade e a busca da felicidade... Contudo, a missão da política não é 'salvar' as pessoas ou torná-las felizes: é sim – e não é pouco – proporcionar um quadro institucional que favoreça a convivência e o respeito pela dignidade humana, com liberdade, segurança e justiça, de modo a permitir a fruição dos modos de vida preferidos por cada um. Embora por razões diferentes, também a economia de mercado (e, em geral, a teoria económica, mesmo sendo injusto o famoso epíteto – *dismal science* – de Thomas Carlyle...) não promete a felicidade, mas tão-somente proporcionar que o maior número de pessoas "melhore a sua própria condição", por via de uma afectação mais eficiente de recursos descentralizados. Sendo que, modestamente, e de acordo com Adam Smith, o meio mais vulgar e óbvio pelo qual a maioria dos homens se propõe e deseja melhorar a sua condição é o aumento da fortuna. Por fim, é ainda preciso dizer que tão-pouco as empresas têm (ou devem ter) o objectivo de tornar felizes os seus colaboradores. O seu fito primário é a continuidade na satisfação dos interesses e expectativas razoáveis dos diferentes *stakeholders*. Podem proporcionar algum sentido ao trabalho dos seus empregados, mas não podem (nem devem) pretender dar sentido às suas vidas. Basta-lhes respeitar a sua dignidade de pessoas e, se for possível, procurar não os tornar infelizes...

É certo que muitas mensagens publicitárias fazem a promessa subliminar de uma felicidade instantânea e perpétua. De resto, a economia de mercado não está livre de infecções de materialismo, frivolidade e alienação, como Smith, aliás, avisou. Não serão derivações inteiramente espúrias, atendendo ao peso do contributo utilitarista para as fundações do pensamento económico moderno, mas as suas causas devem procurar-se, antes, ao nível da infra-estrutura moral e cultural da sociedade. Em coerência com o seu objecto, a economia visa aumentar as oportunidades de satisfazer as preferências das pessoas e não discutir essas escolhas.

Enfim, no limite, e em sentido estrito, poder-se-ia dizer que a política e economia liberais laboram com base num conceito de 'felicidade negativa': visam um certo limiar mínimo de condições materiais e formais abaixo do qual a coerção, a insegurança e a injustiça, bem como a miséria e humilhação, impediriam a convivência social e o desenvolvimento pessoal em termos razoáveis, sem estridências e sem tragédias.

O Estado da felicidade

Ao contrário, a 'política da felicidade' tem a ambição de injectar alegria no coração das pessoas, como diz David Cameron: elevar o nível de contentamento, satisfazer as necessidades emocionais dos indivíduos, curar a sociedade[8]. Trata-se de um enorme salto de qualidade

---

[8] Cf. Frank Furedi, *Why the 'politics of happiness' makes me mad*, em Spiked, http://www.spiked-online.com/index.php?/site/article/311/, 2006.05.23. Discordo da filosofia 'liberal' extrema deste *site*, mas este artigo, em particular, parece certeiro.

relativamente às tradicionais políticas redistributivas do *welfare*, centradas nas condições materiais. Passa a incluir uma estratégia de *life satisfation*. Layard sugeriu, por exemplo, a idoneidade da política fiscal como meio para atingir a felicidade (!): uma vez que as desigualdades provocam inveja e mal-estar, o sistema fiscal deve servir aquele propósito, dificultando a comparação da situação económica entre os contribuintes. Paralelamente, aconselhou também a contratação pelo Estado (no Reino Unido) de 10.000 psicoterapeutas, com a missão de fornecer aos cidadãos "competências em felicidade" e de os ajudar a evitar pensamentos negativos[9]...

De certo modo, a invasão pela política do mundo interior das pessoas é o reverso do esvaziamento da ideia do bem comum, da crise do compromisso cívico e responsabilidade social que a ela estão associados, e da incapacidade política de insuflar sentido à vida pública.[10]. Contudo, o mais preocupante é que a politização da procura do bem-estar, em sentido holístico – como pelouro atribuível a um qualquer 'Ministério da Felicidade' – contém um potencial totalitário: a colonização da vida privada e a projecção da intimidade na esfera pública. Trata os cidadãos como seres infantis, incapazes de se valer por si próprios, carentes do conselho de burocratas sobre como devem comportar-se e conduzir as suas vidas privadas[11]. Configura um novo e insuportável paternalismo: não já dizer às pessoas o que devem pensar ou acreditar, mas instruí-las sobre o que devem sentir, como gerir as suas emoções e dirimir conflitos de personalidade ou problemas pessoais. Ora, "ninguém me pode obrigar a ser feliz à sua maneira", como disse Kant. Aliás, é paradoxal que governos progressistas se mostrem sempre tão relutantes em limitar a liberdade individual, quando se trata de questões morais (mesmo com repercussões sociais, como nos casos da droga, casamento, aborto ou manipulação genética...), e não se sintam coibidos de interferir nos hábitos de consumo, alimentares, higiénicos, tabagistas, etc., bem como na qualidade da vida interior e interpessoal dos cidadãos. Dir-se-ia que interpretam e aplicam de

[9] Cf. Easton, *Happiness Formula, The Politics of Happiness, ibidem.*
[10] Cf. Furedi, *Ibidem.*
[11] *Ibidem.*

forma dúplice e esquizofrénica o "princípio do dano" ou o princípio da "igual liberdade". Com uma mão abrem 'salas de chuto', com a outra cerram tabernas...

Não se ignora a existência e valor da dimensão *pathetica* da política. O que parece um pouco decadente é a sua inflamação actual. A ideia de um Estado terapeuta e gestor de emoções é tão decepcionante como a de um Estado guarda-nocturno. De resto, as pessoas não são apenas 'pacientes' com carências que merecem consideração; são também 'agentes' cuja liberdade para decidir o que é valioso pode ir muito além dos seus próprios interesses, necessidades e 'felicidade'[12]. E, apesar de tudo, é preferível tomar os cidadãos como súbditos do que como pacientes.

Vida boa, vida feliz e vida civil

A questão mais dura e funda é, contudo, a da própria felicidade. A afirmação do anseio universal à felicidade não é apenas uma banalidade, é também um equívoco. Por um lado (entre outras razões), pelas dificuldades em definir o seu conteúdo material: auto-conservação, prazer, alegria, acção criadora, virtude, sabedoria, contemplação da verdade ou da beleza, etc. são todos candidatos históricos. Por outro lado, pela conexão entre a suposta aspiração geral à felicidade e a resposta à pergunta socrática – "como se deve viver?". Como é sabido, o *eudemonismo* clássico sustentava uma certa sobreposição ou convergência entre vida plena e vida recta, conforme à razão. Essa perspectiva foi impugnada na modernidade, de Kant a Max Scheler[13], suscitando uma tensão entre a 'vida culminada' e a 'vida boa', entre a experiência subjectiva da plenitude e a universalidade e incondicionalidade do dever. Entretanto, Bentham identificara a busca da felicidade com a maximização do prazer, e sugerira que o principal objectivo político deveria ser a criação da "maior felicidade para o maior número"[14]. Em qual-

[12] Cf. Amartya Sen, "Happiness, Well-being and Capabilities", em *The Idea of Justice*, Harvard University Press, 2009.

[13] Ver, por exemplo, Robert Spaemann, *Felicidad y Benevolencia*, RIALP, 1991.

[14] Na realidade, parece que o inventor deste princípio, em chave utilitarista, foi Helvétius. E quem primeiro o enunciou foi Francis Hutcheson, embora numa perspectiva muito

DEMOCRACIA LIBERAL – A POLÍTICA, O JUSTO E O BEM

quer caso, o preenchimento do conceito de felicidade e a sua fixação como lugar político enfrenta objecções intransponíveis, do ponto de vista liberal clássico. Não só pelo carácter poliédrico, intangível, etéreo e fugidio daquela. Não apenas pela incomensurabilidade e incomparabilidade intersubjectiva dos sentimentos e preferências – porque o 'hedonímetro' não foi ainda inventado (até porque alguns pensam que ele pode ser mesmo inventado[15]) – mas por mais profundas razões da antropologia humana e da filosofia política.

Em primeiro lugar, "a porta da felicidade abre para fora", como dizia Kierkegaard. Essa porta fecha-se para quem a puxa para si, para aquele que a todo o transe se empenha em tornar-se feliz. "*Ask yourself whether you are happy and you cease to be so*", observa John Stuart Mill na sua Autobiografia[16]. A felicidade será uma espécie de sub-produto (ou efeito colateral) da vida com sentido, resultado indirecto e não procurado (e não garantido) de procurar o bem. A 'chave' paradoxal da felicidade consistirá em que esta não seja tomada como um fim[17] e em respeitar o carácter aberto e transcendente da personalidade humana (o que, no limite, relativiza o próprio conceito de 'auto-realização'). Assim, não estranha que a percepção de infelicidade tenha lugar onde ser feliz é reivindicado como um direito, tal como não estranha que esta reclamação ocorra numa sociedade em que a felicidade é um valor político supremo, que o Estado se compromete a brindar[18].

Paralelamente, a ênfase nos factores, receitas ou competências de felicidade – "cinco passos para a felicidade, três segredos para o

---

diferente da de Bentham e Helvétius. Cf. Gertrude Himmelfarb, *The Roads to Modernity*, Vintage Books, New York, 2005, p. 32.

[15] Ver The Economist, *Happiness and economics*, December 23rd 2006.

[16] A frase completa é a seguinte: "*Those only are happy (I thought) who have their minds fixed on some object other than their own happiness; on the happiness of others, on the improvement of mankind, even on some art or pursuit, followed not as a means, but as itself an ideal end. Aiming thus at something else, they find happiness by the way... **Ask yourself whether you are happy, and you cease to be so**", Autobiography*, Chapter V, "A Crisis in My Mental History".

[17] Cf. Richard Schoch, *The Secrets of Happiness – Three thousand years of searching for the good life*, Profile Books, 2006, p. 41.

[18] Cf. Bauman, *op. cit.*, p. 68.

sucesso ou quatro formas de descobrir o amor-perfeito"[19] – revela a ilusão de reduzir o valor da vida a uma fórmula *standard*, capaz de ser ensinada por professores, aprendida pelas massas e gerida por burocratas e políticos[20]. Trata-se de uma nova manifestação da ideia positivista, assente na suficiência da racionalidade instrumental, segundo a qual todos os problemas vitais, morais, sociais ou políticos são subsumíveis na sua dimensão técnica ou metodológica e têm uma solução 'científica'. Analogamente, pode dizer-se que essa perspectiva padece dos vícios daquele "racionalismo político" que ignora a distinção entre o conhecimento técnico – explícito, formalizável e codificável – e o saber prático (moral e político) que é experiencial, tácito e ligado à cultura[21]. Não se pode ainda, talvez, comprar a felicidade. Mas a ciência da felicidade permitirá ao Estado fabricá-la e fornecê-la através de legislação 'racional' e políticas públicas adequadas.

Por último, a politização da felicidade recorda funestas experiências pretéritas dirigidas (por direcção central) ao estabelecimento de um paraíso terrestre: a presunção de construir 'cientificamente' uma sociedade nova, harmoniosa e feliz, povoada por um homem novo e finalmente livre, sepultando para sempre um passado de trevas e grilhões, e também de inveja, depressões, neuroses e *stress*. Ora, fazemos bem em recear, como Berlin, esse mundo perfeito e uniforme em que todos os enigmas, contradições e tensões são conciliadas ou superadas, num conceito monista de felicidade: porque ele convida à intrusão do Estado em matéria em que não é competente; porque essa felicidade tende a reclamar e legitimar sacrifícios injustificados da liberdade; e porque aliena o homem do fardo da consciência e da responsabilidade, dispensando-o "do peso de pensar e da dor de viver", como diz Tocqueville algures.

No final do dia, a melhor definição de 'felicidade política' – se insistirmos em procurá-la – é ainda a desse perspicaz pensador, na sua lapidar (e feliz...) apreciação da liberdade: "...*c'est le plaisir de pouvoir parler,*

---

[19] Ver *Público*, Caderno de Economia, entrevista com Tal Ben-Shahar, 4 de Julho de 2008.

[20] Cf. Furedi, *op. cit.*

[21] Ver Michael Oakeshott, *Rationalism in Politics and Other Essays*, Liberty Press, 1991, pp. 10-13.

agir, respirer sans contrainte, sous le seul gouvernement de Dieu et des lois. Qui cherche dans la liberté autre chose qu'elle-même est fait pour servir... Ne me demandez pas d'analyser ce goût sublime, il faut l'éprouver. Il entre de lui-même dans les grands cœurs que Dieu a préparés pour le recevoir; il les remplit, il les enflamme"[22].

Dezembro de 2008

---

[22] Alexis de Tocqueville, *L'Ancien Régime et la Révolution*, Livre III, Chap. III, 1856.

O capitalismo no banco dos réus?

> *"Mesmo os homens maus podem ser levados pelo mercado a fazer o bem, enquanto que há homens bons que podem ser induzidos pelo processo político a fazer o mal."*
>
> Arthur Seldon, *Capitalism*

> *"Estas são as desvantagens do espírito comercial. As mentes dos homens contraem-se e tornam-se incapazes de elevação. A educação é desprezada, ou pelo menos negligenciada, e o espírito heróico quase se extingue."*
>
> Adam Smith, *Lectures on Justice, Police, Revenue and Arms*

Em meados de Outubro de 2008, em declarações proferidas perante a Câmara dos Representantes, Alan Greenspan referiu-se à crise financeira como sendo um fenómeno sísmico, uma espécie de *tsunami* que acontece uma vez na vida. Desta vez, o maremoto teria ferido nos seus fundamentos o sistema de mercado livre. Embaraçado, Greenspan confessou-se culpado e arrependido de ter acreditado que os bancos, operando no seu interesse próprio, fariam o que fosse necessário para se proteger a si e aos seus accionistas. Reconheceu haver uma falha no modelo que ele supunha melhor explicar o funcionamento do mundo (e justificar as políticas públicas consequentes), o que o deixou em estado de *"shocked disbelief"*[1]. O que falhou então? Como se explica o descalabro que atingiu tão rudemente primeiro o sistema financeiro e, depois, a economia real?

Retrospectivamente, todos dizem que a crise era previsível. Nas suas origens encontra-se uma mistura de ingredientes com efeitos implosivos conhecidos da história monetária: bolha imobiliária persistente, crédito fácil e sobre-endividamento generalizado. Depois, a cadeia de titularização, a complexidade (e opacidade) da inovação financeira e a globalização *on-line* do mercado de capitais disseminaram e ampliaram os riscos. Neste contexto, seria preciso que os agentes económicos fossem cautos e moderassem a ganância, para seu próprio bem. Isso não aconteceu. Em jeito de epílogo, Joseph Stiglitz sentenciou sobranceiramente (contrastando com a consternação de Greenspan) que Setembro de 2008 deveria ser para o 'neoliberalismo' e para o 'fundamentalismo de mercado' o que a queda do Muro de Berlim foi para o comunismo[2]. Com todo o respeito, tratou-se de um comentário pouco afortunado: o comunismo foi um sistema totalitário, "intrinsecamente perverso", e um "colossal embuste" – para utilizar expressões de personagens tão díspares como Pio XI e Mário Soares – e registou um cúmulo de violência, humilhação e miséria que não admite equiparação honrada com o liberalismo, seja em que versão for. É certo que Stiglitz se estava a cingir à questão da (in)eficiência da desregulação e liberalização dos mercados financeiros. Em qualquer caso, a discussão tem convocado recorrentemente os dois pontos de vista: por um lado, o 'modo como funciona o mundo' (do que depende a eficiência económica); e, por outro, a crítica moral do capitalismo – ou o modo como o mundo devia funcionar.

É o interesse próprio que faz girar o mundo?
A visão do mundo outrora professada por Greenspan gravita, em parte, em torno do juízo sobre a lucidez, eficácia e suficiência do 'interesse próprio': sustenta que é essa a motivação predominante da generali-

---

[1] Cf. http://oversight.house.gov/documents/20081023100438.pdf.
[2] Cf. http://www.stwr.org/global-financial-crisis/joseph-stiglitz-crisis-points-to-need-for-new-global-currency.html.

dade das pessoas; cultiva um certo cepticismo quanto à ideia de que políticos e burocratas operam necessariamente no interesse público e estão genuinamente preocupados com o bem-estar dos cidadãos (sugerindo, ao invés, que o comportamento daqueles poderia ser melhor explicado se assumíssemos francamente que perseguem o seu próprio interesse, como qualquer um, amparados pelo poder de coerção); e conclui que, sendo assim, o mais óbvio mecanismo de regulação, em sentido lato, é o mercado – porque o mercado concorrencial seria o meio mais adequado e eficiente para represar o interesse privado e levá-lo a desaguar no bem comum.

Essa visão tem antigos pergaminhos e foi defendida de modo eloquente por David Hume: *"In contriving any system of government, and fixing the several checks and controls of the constitution, every man ought to be supposed a knave and to have no other end, in all his actions, than private interest. By this interest, we must govern him and, by means of it, notwithstanding his insatiable avarice and ambition, co-operate to the public good"*[3]. Hume não sugere apenas a hegemonia absoluta do interesse privado no concerto das motivações humanas. Afirma também que essa atracção irresistível de cada indivíduo pelo próprio interesse pode ser utilizada para atingir o bem comum.

Esta é uma das ideias mais poderosas e fecundas da história do pensamento social e político. Com diferentes matizes, foi insinuada em *"O Príncipe"*, está latente no *"Espírito das Leis"* e patente em Vico e Mandeville. Encontra a sua versão mais influente em Adam Smith, com a 'mão invisível'. Desenvolveu-se, do outro lado da Atlântico, em *"O Federalista"*[4]. Ela recolhe uma dupla convicção: a pretensão de combater eficazmente o egoísmo através dos meios clássicos – a repressão, o apelo da razão e a pregação de preceitos religiosos ou morais – não é realista ou viável; o melhor modo de neutralizar a concupiscência antisocial e operar a metamorfose das paixões individuais em virtudes públicas é a sua sujeição à concorrência e interacção com as liberdades

---

[3] Cf. David Hume, *On the Independence of Parliament*.

[4] Ver *O Federalista*, nº 51, onde se explica como se pode esperar que "o interesse privado de cada indivíduo possa ser uma sentinela dos direitos públicos". Ver também *O Federalista*, nº 10.

e egoísmos rivais[5]. Seria preferível organizar o Estado e a sociedade admitindo que *every man is a knave* e esperar que o resultado da actuação de cidadãos (e burocratas) que competem entre si, perseguindo o seu interesse privado, seja mais próximo do interesse geral. Tratar-se-ia de considerar a "efectiva realidade das coisas"[6], de encarar o homem 'tal como ele é', e não como os filósofos ou moralistas – "os poucos que querem viver na República de Platão sem se misturarem com o povo de Rómulo"[7] – gostariam que ele fosse. Aliás, sem lamentações: como disse Mandeville, "o orgulho e a vaidade construíram mais hospitais do que todas as virtudes juntas"[8]. Paralelamente, o automatismo da competição de interesses concorrentes limitaria os estragos do individualismo e da sofreguidão, tornando a ética supérflua: no mercado, o interesse próprio entendido de forma egoísta e crassa pagaria um preço proibitivo, por ser auto-destrutivo das instituições e pessoas que o praticassem. Era esta, no fundo, a ilusão de Greenspan.

O *ethos* político da modernidade

Na realidade, esta tese é característica do *ethos* político da modernidade e do seu projecto: conceber racionalmente um sistema tão perfeito que dispensasse os homens de o ser. De Hobbes a Rawls, afirma-se que o equilíbrio social, a justiça ou a paz não se garantem ao nível moral. Seria antes necessário estabelecê-los institucionalmente e mecanicamente. Na fábrica do mundo, o bem comum seria uma questão meramente organizativa e metodológica, exógena à liberdade humana[9]. Aí está a hegeliana 'astúcia da razão', pela qual os homens presumindo prosseguir os seus propósitos individuais acabam por servir inadvertidamente uma finalidade histórica universal. Aí está a kantiana 'república de demónios', resultado da crença de que

---

[5] Ver Albert Hirschman, *As Paixões e os Interesses – Argumentos Políticos para o Capitalismo antes do seu Triunfo*, Editorial Bizâncio, Lisboa, 1977, pp. 41 e seguintes.

[6] Cf. *O Príncipe*, cap. XV, 1.

[7] Cf. Giambattista Vico, em *Scienza Nuova*, pars. 131-132.

[8] Cf. Bernard Mandeville, *The Fable of the Bees*, Liberty Classics, Indianapolis, 1988, p. 261.

[9] Ver Daniel Innerarity, *Dialéctica de la Modernidad*, Ediciones Rialp, Madrid, 1990, pp. 196 e seguintes.

uma constituição política justa não requer a actuação pessoal e moral dos homens.[10]

Há uma parcela de verdade em tudo isto. Mais precisamente, há uma extrapolação unilateral e desorbitada de algumas descobertas autênticas. Por um lado, é verdade que a comunidade política não se constrói apenas congregando boas vontades e piedosas intenções. Exige perícia jurídica, ciência económica e prudência política, em consonância com o processo de diferenciação e emancipação dessas disciplinas. Todavia, a autonomia e objectividade da política não implicam a sua neutralidade ética e a sua depuração de quaisquer juízos de valor. Se fosse assim, a política perderia a capacidade de pensar a continuidade entre o poder e o dever[11]. Resolveríamos o clássico conflito entre *Ethos* e *Kratos*, suprimindo o primeiro.

Por outro lado, é também verdade que com demasiada frequência o homem se comportará como um *knave*, se tiver oportunidade. O interesse próprio é um motivo 'forte', susceptível de se converter numa paixão desordenada e, se não for restringido, será socialmente destrutivo. Ora o constrangimento do egoísmo pela ética pessoal exige um considerável esforço moral, dada a inevitável tensão entre interesse privado e dever público, e entre a gratificação imediata e o bem melhor (e mais árduo). Deve por isso ser confortado por regras e limites institucionais, e coadjuvado pelo papel moderador de interesses rivais, que tornem gerível e tolerável aquela tensão[12]. Contudo, a conveniência (e mesmo necessidade) desses constrangimentos externos e 'técnicos' não significa a sua suficiência. Não basta a 'liberdade

---

[10] Ao contrário, Amartya Sen, evocando uma distinção clássica na remota jurisprudência indiana – entre *niti* (termo que designa a justiça institucional, organizativa ou processual) e *nyaya* (uma aproximação à justiça real, concreta) – acaba por sublinhar a "relevância inescapável" do comportamento humano real na consecução da justiça. A abordagem consequencialista de Sen (bem como a sua crítica do que chama lógica de recursos ou meios, a favor de uma lógica de fins) tem os seus problemas, mas é lúcida a sua percepção da insuficiência dos arranjos institucionais como base para a justiça. Cf. Amartya Sen, *The Idea of Justice*, Harvard University Press, 2009, p. 67 e seguintes.

[11] Ver Daniel Innerarity, *ibidem.*

[12] Cf. D. H. Robertson – "What Does the Economist Economize?", *Economic Commentaries*, Staples, London, 1956, pp. 148 e seguintes.

sob a lei'. Como é sabido, a infra-estrutura moral das sociedades, o seu 'capital social', tem uma importância decisiva, como condição para que se tornem livres e prósperas[13]. É necessário um *ethos* de respeito mútuo que – sendo, antes do mais, um valor em si mesmo – acaba por ser também um lubrificante do desenvolvimento económico e da convivência política, gerador de confiança, minimizador dos custos de transacção, limitador dos riscos, facilitador da divisão do trabalho e do cumprimento dos contratos, garante dos direitos de propriedade, etc. E, empiricamente, os acontecimentos de Setembro de 2008 – e outros escândalos ocorridos anteriormente no sector privado, como foi o caso da Enron ou da WorldCom, entre muitos – não corroboram a tese de que o mercado e a concorrência tornam a ética facultativa.

Quer no sector público, quer no privado, houve nos últimos tempos uma proliferação de códigos éticos: tentativas de decretar a boa conduta, como se fosse possível a formatação ou a reengenharia dos valores da pessoa. A par disso, contudo, multiplicaram-se 'casos' de logros financeiros e de abuso de poder. O fracasso empírico daquelas experiências – que presumiam, de modo positivista, a viabilidade de produzir o bom comportamento – não se deve apenas à natureza prática e prudencial da razão ética, irredutível quer à articulação teórica e à casuística, quer à arte técnica. Deve-se também, talvez, à impermeabilidade moderna entre a teoria moral e as ciências económica ou política. Deve-se ainda ao divórcio entre a ética pessoal (concebida como mera convicção privada) e a razão pública (puramente procedimental) e também aos limites do modelo 'vícios privados, benefícios públicos'. Mandeville advertiu, certeiramente, que as acções humanas têm consequências não intencionadas. Mas uma delas é, precisamente, o seu efeito no próprio sujeito. De acordo com a sugestão socrática, os actos morais – bons ou maus – tornam o homem melhor ou pior, como pessoa, e afectam o 'todo', o fundo e a verdade do seu ser. Não se pode esperar que o nihilismo no foro privado se transforme em rectidão moral no espaço público, esquecendo que em ambos o sujeito é o mesmo, um e uno. Isto não significa que a boa conduta não possa ser encorajada: as cartas éticas, as regras de transparência,

---

[13] Ver José Manuel Moreira, *Ética, Democracia e Estado*, Principia, Cascais, 2002, p. 24.

os mecanismos de inspecção são certamente louváveis. Simplesmente, não são sucedâneos da honradez pessoal e da interiorização do que é 'bom'. Ao desligar a correcção pública quer da vinculação ao que pode ser desejado racionalmente como bom, quer da virtude pessoal, rompeu-se também a fonte originária da ética, pública ou privada.

A desforra do Estado?

Por tudo isto, a recomendação de 'regresso do Estado' ou de 'mais Estado' não desce à raiz do problema, nem constitui a sua solução a prazo (independentemente de se contar especialmente com ele agora – de modo excepcional – para evitar o risco sistémico e segurar a economia real, para aliviar as dificuldades das pessoas, o desemprego e a penúria).

É certo que entre os factores da crise se contam a voracidade dos investidores e os '*animal spirits*' dos empresários. Todavia, venalidade, miopia e 'curtoprazismo' não são exclusivos dos *traders*. Arrogância, falta de memória e avidez não são prerrogativa de banqueiros, mas moram em todos os corações e sistemas humanos. Não somos anjos, mas tão-pouco somos governados por anjos, como avisou James Madison. E a atrofia do carácter moral dos decisores públicos, associada ao monopólio da coacção, pode ter consequências particularmente danosas. Quem guarda os guardiães? Aliás, houve também graves 'falhas do Estado': negligência e (ir)responsabilidade dos Governos e bancos centrais na criação e prolongamento de uma situação de excesso de liquidez, crédito displicente e taxas de juro artificialmente baixas. Houve também erros de supervisão e regulação, que são funções muito difíceis e de êxito incerto. Aliás, não é claro que o busílis da questão resida na desregulamentação: por exemplo, sabe-se que muitas das transacções recentes mais fortemente alavancadas foram realizadas por bancos alemães e belgas bem regulados pelo Estado, mais do que por potentados à solta em Wall Street. A questão é que nenhuma regulação, por muito cerrada que seja, pode garantir eficácia prescindindo da consciência moral dos agentes. Por outro lado, não se podem ignorar os benefícios reais da moderna economia financeira: entre outros, a democratização do crédito e da casa própria; e o sucesso do sector financeiro na acomodação e gestão do risco, que permitiram os notáveis níveis de eficiência do capital, dinamismo e inovação da economia americana ao longo das últimas décadas. Quanto ao registo histórico do superior desempenho da economia de mercado, suponho não ser preciso insistir.

Por último, não é necessário adoptar uma interpretação cínica das motivações pessoais para recear e recusar o intervencionismo estatal. Muitos indivíduos procuram, sinceramente, servir (o que percebem ser) o interesse público. Porém, como qualquer outra pessoa, o político ou burocrata é um ser limitado. Não é omnisciente nem omnipotente. Não domina toda a informação relevante – sobre preferências individuais e colectivas, e sobre oportunidades de criação de valor para a sociedade – que seria exigida para prosseguir cabalmente o interesse público; nem tem o poder necessário para o implementar quando isso conflitua com os interesses pessoais ou diferentes percepções do interesse público de outros burocratas[14]. Na realidade, como salientaram Hayek e Oakeshott, é precisamente a intratabilidade irredutível dessa informação – que é vasta, cambiante, dispersa e tácita – que desaconselha a pretensão do Estado de reorganizar a sociedade ou formatar a vida dos cidadãos, substituindo o mercado concorrencial. O mercado é realmente um sistema – livre, espontâneo, descentralizado – de inovação e processamento eficiente das preferências e valências dos agentes económicos, através do mecanismo de sinais contido nos preços. Se agora falhou, foi porque não dispensa veracidade por parte das agências de *rating* (que boicotaram esses sinais), temperança por parte de investidores e credores (e, simetricamente, de consumidores e devedores), justiça por parte das instituições financeiras, humildade por parte dos economistas, coragem por parte de legisladores e reguladores, prudência por parte de todos. Simplesmente, o interesse próprio e o sistema de mercado – maugrado a sua razoável capacidade auto-regenerativa e homeoestática – não podem funcionar sobre a cupidez e mentira generalizadas.

[14] Ver William Niskanen, *Bureaucracy and Public Economics*, Edward Elgar, Aldershot, 1994, pp. 39 e 128.

O mercado corrompe e degrada? E o intervencionismo do Estado?

A economia de mercado é nutrida pelas fibras éticas da sociedade. Mesmo assim, pode contrapor-se que o capitalismo tem, ele próprio, um poder corruptor que a crise financeira teria desnudado. Aliás, *"the reason why socialist economists seek socialism is their belief that under individualism character is deteriorating"*[15].

Essa suspeição evoca 'as contradições culturais do capitalismo', prognosticadas por Daniel Bell[16]: o capitalismo floresce no chão de virtudes que o seu florescimento socava. O seu sucesso requer frugalidade, laboriosidade, gratificação diferida e prudência; o seu sucesso produz opulência, preguiça, hedonismo e irresponsabilidade. O capitalismo moderno provocaria uma 'corrosão do carácter' das sociedades e enfraqueceria os hábitos, convenções e princípios em que se baseia a ajuda aos outros. E "um regime que não fornece aos seres humanos nenhuma razão profunda para se preocuparem uns pelos outros não pode preservar, de modo sustentável, a sua legitimidade"[17]. Acresce que o expansionismo da cultura mercantil – baseada no cômputo racional do interesse próprio como motivação humana prevalecente – teria um efeito contaminante, correndo o risco de se converter numa 'profecia que se cumpre a si própria'[18]: se tratarmos todos os homens como vulgares interesseiros, eles tornar-se-ão ordinários e mesquinhos. A sociedade contratual daí resultante, esvaziada da noção de bem comum e de propósitos solidários, seria mais inóspita e pobre. Por fim, esse calculismo (tornado absoluto) minaria as próprias bases do contrato, do mercado e da economia – que implicam também confiança, veracidade, fidelidade, respeito e integridade – e acabaria por se virar contra si mesmo.

---

[15] Cf. Stefan Collini, "The idea of 'Character' in Victorian Political Thought", *Transactions of the Royal Historical Society*, 35, pp. 29-30, 1985, citando um comentador socialista não identificado do final do sec. XIX.

[16] Cf. Daniel Bell, *The Cultural Contradictions of Capitalism*, Basic Books, 1976.

[17] Cf. Richard Sennett, *The Corrosion of Character*, W. W. Norton, New York, 1998, p. 148.

[18] Ver Julian Le Grand, *Motivation, Agency, and Public Policy: Of Knights and Knaves, Pawns and Queens*, Oxford University Press, Oxford, 2003, pp. 40 e seguintes.

Reciprocamente, "...[*the reason*] *why individualist economists fear socialism is that they believe it will deteriorate character*"[19]. O modelo estatista não teria efeitos menos degradantes. Por um lado, pode debilitar ou narcotizar as 'virtudes fortes' dos cidadãos: responsabilidade individual e espírito de iniciativa, perseverança e força de vontade, capacidade de sonho e de risco, bem como prudência face ao futuro e ao condicional. Remete o cidadão para um certo infantilismo resignado, deixando-o tão seguro e satisfeito quão submisso, servil e paralisado. Por outro lado, ao monopolizar a promoção do interesse público, o intervencionismo do Estado poderá sufocar também quer as 'virtudes nobres' quer as virtudes republicanas, deteriorando o espírito cívico e o sentido de responsabilidade cidadã. A solidariedade e a justiça social deslocam-se do âmbito da virtude pessoal para a esfera sentimental, difusa e retórica, e dissolvem-se no aparelho sem rosto do Estado. E os indivíduos descarregam nesse Estado tutelar, de consciência aliviada, qualquer solicitude para com as necessidades dos mais desfavorecidos, ficando desonerados de qualquer generosidade pessoal que imponha algum sacrifício[20]. Assim, cresce o perigo do afastamento da vida pública e a disposição para trocar a liberdade pela tranquilidade burguesa. Algo que recorda as observações de Tocqueville sobre a relação entre os riscos de 'despotismo democrático' e a paixão imoderada pela igualdade e pela segurança. Por último, não seria realista dissociar o intervencionismo estatal da opacidade e arbitrariedade de práticas burocráticas ancestrais, em que a situação de monopólio e posição dominante revelou ou favoreceu o abuso e o desprezo pelo cidadão: "médicos arrogantes, professores rudes, assistentes sociais descuidados, burocratas enfatuados"; (...) "deferência e resignação de um lado, e arrogância, indiferença ou condescendência do outro"[21].

Como se sabe, esta é uma discussão interminável. Em particular, podem invocar-se, em apologia do mercado, o 'refinamento de maneiras' que ele induziria, bem como os proverbiais efeitos suavizadores e civilizadores do interesse próprio e da cultura comercial, favorecendo

[19] Cf. Stefan Collini, *ibidem*.
[20] Ver J. M. Moreira, *op. cit.*, p. 23 e pp. 97 e seguintes.
[21] Ver J. Le Grand, *op. cit.*, p. 167.

O CAPITALISMO NO BANCO DOS RÉUS?

a auto-contenção e reforma dos primitivos impulsos de dominação. No âmbito de um sistema de trocas voluntárias, é necessário colocar-se no lugar do outro para entender e satisfazer os seus interesses. O mercado teria um valor educador e dignificador: constituiria um caminho de aprendizagem solidária, um espaço de auto-determinação e inter-subjectividade, e um gerador de respeito recíproco. Na mesma linha, Gertrude Himmelfarb considera que o iluminismo britânico – caldo de cultura do primeiro capitalismo – se caracteriza pela 'sociologia da virtude' e pela importância que atribui aos 'afectos sociais'[22], nos antí-podas do amoralismo de Mandeville[23]. E existe ainda uma antropolo-gia optimista do capitalismo, desenvolvida por autores como George Gilder, Michael Novak e Rafael Termes, segundo a qual o funciona-mento desse sistema descansa na generosidade, na magnanimidade, na coragem e no altruísmo: a economia capitalista seria uma economia da 'oferta', do investimento sem retorno certo, baseada na confiança no próximo, na sociedade e na lógica compensatória do cosmos.

Salvar o capitalismo

Apesar de tudo, é difícil negar que o capitalismo moderno tem efecti-vamente um potencial corrosivo do carácter moral dos cidadãos. Não raramente, a competição no mercado submete a fragilidade humana – de dirigentes, financeiros, publicitários, vendedores, auditores, con-tabilistas... – a enormes pressões e tentações: seja para evitar a falên-cia, o desemprego ou a vergonha, seja simplesmente para 'triunfar'. Aliás, o carácter problemático do capitalismo foi cruamente reconhe-cido desde o seu início[24]. Adam Smith, entre outros, não ignorava as fraquezas da sociedade burguesa, nem exibia demasiado entusiasmo quanto à qualidade moral do mundo a criar pelo mercado livre: preve-niu sobre a alienação, a contracção do espírito e a vulgaridade. Tudo

---

[22] Cf. Gertrude Himmelfarb, "'Social Affections' and Religious Dispositions", *The Roads to Modernity*, Vintage Books, New York, 2005.

[23] A favor deste ponto de vista, Le Grand – *op. cit.*, p. 166 – invoca resultados de experiên-cias laboratoriais recentes (como o famoso *ultimatum game*) que corroboram a tese de que a cultura de mercado torna as pessoas mais justas e altruístas quando lidam com estranhos.

[24] Ver Irving Kristol, "Adam Smith e o espírito do capitalismo", *Neoconservadorismo: auto-biografia de uma ideia*, Quetzal Editores, Lisboa, 2003.

isto, porém, não é argumentação concludente contra o liberalismo económico[25]. Como vimos, ele estiola (ou prova) umas virtudes; mas encoraja outras. Traz benefícios evidentes; tem custos e riscos igualmente óbvios. Também a democracia de massas é um sistema duro e competitivo com efeitos potencialmente desmoralizadores – mentira, mediocridade, demagogia... – mas isso não tira que seja a solução menos má. A própria liberdade política, bem como o pluralismo, são também perigosos – susceptíveis de gerar atomismo, abuso, indecência e estupidez – mas isso não retira à liberdade o estatuto político de valor prévio e primeiro, condição da autodeterminação e agir moral dos indivíduos, sem o qual não é possível preservar a grandeza humana. Enfim, parafraseando Pierre Manent – ao resumir o veredicto de Tocqueville sobre a democracia – poderíamos dizer que é difícil ser amigo do capitalismo, mas é necessário ser seu amigo. Porque, apesar dos seus muitos defeitos, ele é da família da liberdade política.

Sobretudo, as alternativas são claramente piores e têm custos inaceitáveis. O que se torna mais nítido quando se percebe o nexo teórico e prático que existe entre o capitalismo e a sociedade liberal. A economia de mercado é um sistema aberto, de livre iniciativa, independência económica e liberdade de escolha. Aí vemos pessoas comuns que procuram tirar o maior partido do seu trabalho e talento, para melhorar a condição das suas famílias, assumindo as consequências das suas acções. E observamos de facto um enorme progresso do nível de vida (acidentado mas inexorável e difusivo) e da liberdade. Ao contrário, o estatismo económico está geneticamente e empiricamente associado à prepotência, controlo e intrusão do Governo na esfera de autonomia das pessoas. Barack Obama não tem razão, quando diz (no seu discurso inaugural) que não importa o tamanho do Estado, mas sim a sua eficácia. A partir de um certo limiar, a experiência indica que a dimensão do Estado está inversamente relacionada com o espaço de liberdade dos cidadãos. Por isso, faremos bem em não passar ao Estado um cheque em branco – a pretexto da crise financeira – depositando à sua ordem uma ilimitada soma de poder, com consequências

---

[25] Ver Michael Walzer, *Does the free market corrode moral character? Of course it does.* http://www.templeton.org/market, Outono 2008.

imprevisíveis no médio e longo prazos. Keynes diria que nessa altura estaremos todos mortos. Mas se só pensarmos no curto prazo, não estaremos novamente no caminho da servidão?

Permanece verosímil que o capitalismo, entregue a si próprio, pode descambar num processo de autofagia e iniquidade, e inibir a demanda da excelência humana. Precisa, a seu modo, de *checks and balances*. Não só a concorrência, a vontade dos clientes e o risco de falência (que lhe são intrínsecos). Exige também o Estado de Direito, uma 'rede de segurança' para os mais desfavorecidos, e instituições intermédias voluntárias, tanto aquelas que se constituem em torno de legítimos interesses particulares (sindicatos, associações de consumidores...), como aquelas de tipo mais gratuito e contemplativo (beneficentes, recreativas, culturais, etc.). Sobretudo, carece do vigor das solidariedades primárias e das virtudes dos cidadãos. E aqui o individualismo burguês, a moralidade sentimental e o 'filistinismo plácido'[26] de Adam Smith parecem insuficientes. O capitalismo necessita da vida que há para além do mercado e do interesse próprio. Requer pessoas comuns que não sejam *homines œconomici*. Finalmente, precisa de recursos religiosos, filosóficos, afectivos e estéticos que suscitem não só a energia criadora e a cultura de liberdade, como também a 'elevação do olhar', a solidariedade humana e a procura de sentido.

Março de 2009

---

[26] Cf. I. Kristol, *op. cit.*, pp. 146 e 239.

Importa-se que fume? – Liberdade, Razão e Tabaco

> *"O triunfo do despotismo é conseguir que os escravos declarem que são livres."*
> Isaiah Berlin, *Four essays on liberty*

> *"Uma pessoa é livre apenas na medida em que se determina efectivamente a si própria e à configuração da sua vida."*
> Charles Taylor, *What's wrong with negative liberty*

Segundo parece, o nazismo era publicamente hostil ao tabaco e fumadores[1]. Stephen McGinty regista uma campanha de marketing, dessa época, com a imagem da cabeça de um fumador a ser esmagada pelo salto de uma bota. Hitler, que não bebia álcool, era também um vegetariano e antitabagista fanático. A Alemanha nazi foi aliás pioneira das políticas anti-tabaco por razões sanitárias, vitalistas e eugénicas, cientificamente fundadas (especialmente restritivas no caso das mulheres, uma vez que estava em risco o vigor da raça). Foi sua a ideia de proibir os cigarros em locais e transportes públicos, de controlar a publicidade do tabaco e de discriminar os fumadores nas instituições de saúde. Hoje, a União Europeia e os Estados Unidos recuperaram largamente essa agenda higiénica e eficientista. No entanto, sei perfeitamente que isto não faz uma teoria nem legitima uma generaliza-

---

[1] Cf. Stephen McGinty, *Churchill e os charutos*, Alêtheia Editores, Lisboa, 2007.

ção. Algumas das melhores pessoas que conheço são não fumadoras. McGinty conta que Göring, tal como Churchill, era grande apreciador de charutos enrolados à mão e isso não o impediu de bombardear Londres. Ao contrário, Montgomery era abstémio: não bebia, não fumava e dormia muito. Não estou seguro que os charutos de ditadores fumegantes, como Fidel e Chávez, os tornem mais recomendáveis. É certo que tememos mais, justificadamente, personagens 'incorruptíveis' como Oliver Cromwell ou Robespierre, que inspiraram o terror em nome da 'virtude', 'puritanos' que cultivaram um amor impiedoso pela humanidade e, simultaneamente, um ódio cruel pelo homem comum e imperfeito. Todavia, não é esse agora o meu ponto de vista: a proposta deste ensaio é antes uma discussão crítica de certas formas de proibicionismo e paternalismo de Estado, presentes nas democracias liberais contemporâneas.

Em benefício do argumento, gostaria primeiro de dissipar eventuais mal-entendidos e apresentar a indispensável 'declaração de interesses': sou fumador, hábito de que não tenho especial orgulho ou vergonha. Não reclamo o 'direito de fumar'. Peço apenas a liberdade de o fazer, quando isso não incomodar os meus vizinhos, segundo elementares e tradicionais regras de respeito pelos outros, boa educação e cortesia. Nesta matéria, aliás, julgo que o sentido comum e as boas maneiras são mais importantes do que as leis, como Burke notou. Não admiro o vício do tabaco e estou longe de quaisquer versões de epicurismo ou hedonismo. Outra coisa, muito diferente, é honrar os dons do Criador – na comida, no vinho ou no tabaco – o que parece inteiramente justo. O jejum e a temperança são igualmente exercícios de liberdade, por boas razões conhecidas da tradição cristã. Mas, mesmo nos casos em que beber ou fumar seja um capricho, é um capricho que pode ser proibido a um escravo ou a um menor, mas não a um cidadão maior de idade.

O princípio da liberdade e os seus problemas
Em *"On liberty"*, John Stuart Mill apresentou um único e muito simples princípio capaz de reger absolutamente as relações entre a sociedade e o indivíduo. Vale a pena voltar a esse princípio que, apesar de citado e referido *ad nauseam*, não perdeu vigor: a sociedade só poderá inter-

ferir coercivamente nas acções de um indivíduo para evitar o dano de terceiros. De resto, *"over himself, over his own body and mind, the individual is sovereign"*. As escolhas livres de adultos e os acordos consentidos entre eles não poderão ser reprimidos pelo Estado. Nem a democracia, nem o costume terão direito a violar ou amesquinhar o indivíduo. É verdade que este 'único' e 'muito simples' princípio foi matizado pelo próprio Stuart Mill[2]. De facto, numa sociedade bem ordenada, ele não pode ser exclusivo (justiça, igualdade ou inclusão social exigem mais do que a não interferência) e é tudo menos simples, como veremos adiante. Do mesmo modo, algo se poderia objectar à visão da convivência política como confronto de soberanias individuais, em que a liberdade dos outros é acentuada como inimiga, rival e limite à liberdade de cada um, em vez de ser admitida como condição da liberdade e comunidade de todos.

Contudo, independentemente da argumentação mais ou menos utilitarista utilizada por Mill e das fragilidades antropológicas em que incorre (com ilações que me parecem inaceitáveis), gostaria de começar por sublinhar o acerto da sua posição central – o primado da liberdade política e o 'axioma não paternalista'[3]. Em primeiro lugar, por razões de princípio: a dignidade humana, a realização e o aperfeiçoamento moral requerem a autonomia da pessoa, o agir de acordo com a sua razão e consciência, de modo 'auto-constituinte'. Por outro lado, por razões prudenciais: em geral, cada pessoa adulta – mesmo sendo frequentemente falível e necessitada de conselho – é o menos mau juiz sobre o seu próprio bem e o menos incompetente para determinar e prosseguir responsavelmente os seus próprios interesses[4]. Isto

---

[2] Ver Gertrude Himmelfarb, "The other Mill", em *The Moral Imagination*, Ivan R. Dee, Chicago, 2006.

[3] Ver Fernando Adão da Fonseca, "Estado Garantia: O Estado Social de século XXI?" e João Carlos Espada, "Liberdade implica responsabilidade", ambos na *Nova Cidadania*, Janeiro/Março de 2007, pp. 25 e seguintes.

[4] Ver Peter King, "Individual responsibility and competence", em Dennis O'Keeffe (ed.), *Economy and Virtue: Essays on the Theme of Markets and Morality*, The Institute of Economic Affairs, London, 2004, p. 138 (referido por André Azevedo Alves em *Estado Garantia e Solidariedade Social*, texto preparado para a Sessão III dos "Encontros dos Jerónimos", 2006.02.10).

não significa negar a existência da verdade objectiva (que, uma vez descoberta como 'bem', vincula a consciência), nem afirmar a arbitrariedade de bens ou fins, como se o nihilismo – a ausência de todo o valor – fosse a premissa da liberdade. Ao contrário, funda-se na proposição de que cada ser humano possui uma profunda, inerente e igual dignidade. Significa que a eleição livre é uma condição para a acção moral autêntica – escolher o bem porque é bom – e, portanto, para a bondade moral. E significa também uma dúvida metódica sobre a capacidade do Estado – ou seja, de pessoas tão falíveis como quaisquer outras, mas munidas do poder de coerção – de decidir sobre o bem dos cidadãos melhor do que os próprios o fariam, assim como uma compreensível relutância em confiar ao Estado o tremendo poder de o fazer.

Um primeiro problema do princípio do Mill – objecto, aliás, de crítica recorrente[5] – é o do alcance e determinabilidade da esfera protegida, o dano de terceiros. A sociedade não é um arquipélago de sujeitos isolados, mas um sistema global de vasos comunicantes protagonizado não por 'indivíduos' – no sentido de mónadas ou átomos desconectados – mas por pessoas, seres essencialmente relacionais e dialógicos. Potencialmente, dada a intercomunicabilidade humana, todas as actuações individuais têm 'externalidades'. No mínimo, as fronteiras entre o que é público (porque atinge terceiros) e o que é do domínio privado (no sentido de *self-regarding*) são porosas ou evanescentes. Salvo o caso de Robinson Crusoé – antes de aparecer o Sexta-Feira –, quaisquer acções de uma pessoa podem implicar, de algum modo, custos ou benefícios para outros. Essa solidariedade sistémica tornou-se mais patente com a expansão do Estado social, como segurador universal dos cidadãos do berço ao túmulo: as actividades dos indivíduos que antes se poderiam considerar puramente auto-referenciais – como comer *hambúrgueres* ou chocolates, beber vinho, tomar café ou sal, fumar... – têm consequências lesivas (mais ou menos) prováveis na saúde física – *colesterol*, fígado, tensão arterial, pâncreas ou pulmões... – cujo tratamento consumirá recursos públicos, sempre

[5] Ver Isaiah Berlin, "Dois Conceitos de Liberdade" em *A Busca do Ideal – Uma Antologia de Ensaios*, Editorial Bizâncio, Lisboa, 1998, pp. 279 e seguintes.

escassos, que deixarão por isso de estar disponíveis para outros fins (e, portanto, para outras pessoas). A outro nível, tem-se generalizado a consciência da 'pegada ecológica' dos consumos individuais, apelando para comportamentos 'responsáveis' quer perante povos antípodas, quer perante gerações vindouras, atendendo também à natureza supostamente antropogénica das alterações climáticas.

Como é evidente, uma interpretação lata das salvaguardas acima referidas contidas no princípio do dano conduziria, no limite, à supressão da liberdade por parte do Estado. A lei tornar-se-ia numa camisa--de-forças. Ora, essa restrição da autonomia pessoal não é justificável. O alegado prejuízo ilegítimo de terceiros não é o resultado necessário da actuação livre dos indivíduos. Salvo risco próximo de danos graves ou irreversíveis, particularmente em defesa dos mais fracos – casos em que é razoável e necessário que o Estado proíba ou coaja – deve adoptar-se, antes, uma presunção favorável à liberdade: *in dubio pro libertate*.

Paternalismo: *hard* e *soft*

Recentemente, a literatura económica sobre o chamado 'paternalismo *soft*' tem proposto a extensão das situações de dano relevante, alargando-as às actividades auto-referenciais realizadas no presente, com o argumento que elas podem causar prejuízos ao 'eu futuro' dos indivíduos que as exercem[6]. De acordo com essa tese, a pessoa é constituída por sucessivos 'eus', ao longo da vida. As escolhas de um momento – visando a gratificação imediata através do consumo excessivo ou do tabaco, por exemplo – impõem custos (penúria financeira, deterioração da saúde...) no 'eu' posterior do sujeito, como se este fosse um 'ele'. Neste pressuposto, a intervenção paternalista poderia ser justificada para corrigir essas 'internalidades' – derivadas de problemas de fraqueza moral e incontinência –, de acordo com o juízo do Estado sobre as verdadeiras preferências dos visados, em nome do que eles

---

[6] O fundamento filosófico desta ideia pode encontrar-se nos trabalhos de Derek Parfit sobre a natureza da identidade pessoal, p.e, em *Reasons and Persons*, Oxford University Press, 1984. Ver *The Economist*, "The avuncular state", Apr 6th 2006 e Glen Whitman, "Against the New Paternalism", em *Policy Analysis*, February 22, 2006.

julgariam razoavelmente ser o seu próprio interesse se incorporassem nas suas decisões os custos futuros respectivos.

Este novo e suave paternalismo tem as suas dificuldades. Autoriza o Governo a favorecer alguns interesses pessoais em detrimento de outros (decidindo quais os que são 'racionais') e subestima as possibilidades de "falhas do Estado". Em qualquer caso, no plano moral e antropológico, a fragmentação do 'eu' no tempo vital é deveras problemática, porquanto ignora a permanência da consciência de si e a identidade biográfica da pessoa. Na melhor das hipóteses, é uma metáfora interessante. Contudo, tem o mérito de colocar em evidência os obstáculos internos à autonomia pessoal. Como diz S. Paulo, na Epístola aos Romanos, "não faço o bem que quero, mas pratico o mal que não quero". Os juízos e acções humanas são vulneráveis a desvios de razoabilidade, não apenas por erros de discernimento, mas também por motivações irracionais: hábitos viciosos, debilidade da vontade, desequilíbrio de sentimentos e desejos, etc. O conflito íntimo é uma dramática experiência universal. Mais: não se trata apenas de que "querer o bem está ao meu alcance, mas fazê-lo não", como dizia ainda o Apóstolo. Por vezes, até "querer o bem" pode não estar ao meu alcance. A liberdade negativa – a não interferência exterior nas próprias decisões – não garante contra escolhas auto-degradantes.

Autonomia e plenitude humana
Tudo isto remete para os limites da soberania do indivíduo *"over himself, over his own body and mind"*. Com efeito, a autodeterminação é uma condição necessária para o exercício da razão prática, para o agir moral, mas não é condição suficiente. A bondade – a razoabilidade das escolhas – exige também que o seu objecto seja intrinsecamente valioso e respeitador da dignidade humana[7]. Na realidade, o homem tem direitos e deveres – para com os outros e para consigo próprio – que não são puramente subjectivos e transcendem a autonomia decisória e o acordo entre as partes. (Por isso, o Estado constitucional proscreve relações de escravatura, assistência ao suicídio, poligamia,

---

[7] Ver Robert P. George, *Making Men Moral, Civil Liberties and Public Morality*, Oxford University Press, 1993, Cap. 5., III e Cap. 6., III.

ligações incestuosas..., mesmo sendo voluntárias.) Esses direitos e deveres foram frisados no pensamento antigo e cristão e foram partilhados por expoentes do primeiro liberalismo, de Locke a Kant. No âmbito da Fé bíblica, os direitos humanos têm uma origem transcendente, associada à convicção de que homem e mulher foram criados à imagem de Deus, pelo que são também, nestes termos, 'direitos de Deus', inegociáveis e irrenunciáveis. No seio da filosofia clássica, esses direitos e deveres podem ser conhecidos pela razão como 'lei natural'. Por fim, eles podem ainda encontrar-se na tradição iluminista e humanista de matriz kantiana, no imperativo de actuar de tal modo que a humanidade – quer na própria pessoa, quer na pessoa de outro – nunca seja tratada como mero meio, mas sempre também como fim. Contudo, atendendo ainda ao facto sociológico do pluralismo moral, com que direito e autoridade pode o Estado contrariar, à força, a vontade expressa de um indivíduo *"over himself, over his own body and mind"*?

Enfrentamos aqui uma das aporias fundamentais da democracia liberal. Por um lado, sem uma ancoragem à verdade sobre o homem, a convivência política não será viável. A este respeito não é possível invocar neutralidade moral do Estado (que seria, aliás, contraditória). Por outro lado, não é prudente render ao Estado, à maioria ou ao consenso político a representação da verdade ou o julgamento sobre a razoabilidade e genuinidade das escolhas individuais. A 'solução' não se encontrará ao nível abstracto e teórico. Dependerá das circunstâncias concretas, no cruzamento das convicções éticas dos cidadãos em busca da verdade, do debate racional entre as ideias políticas e das instituições básicas da sociedade. Será sempre preciso proteger os bens essenciais e coibir os vícios mais flagrantes (e juridicamente relevantes). E, na dúvida, optar pela liberdade. Entretanto, teremos de conviver com o facto de que a liberdade política, a virtude e a razão, embora idealmente convergentes, não são a mesma coisa...

O moralismo de Estado
Porém, o Estado moderno tem adoptado um 'liberalismo' selectivo, com duplicidade de pesos e medidas. Por um lado, assume uma posição relativista, inspirada por um secularismo mal entendido, no que respeita aos tópicos de bioética, família e moralidade pública. E isto

sucede mesmo quando se trata de matérias que afectam o interesse geral: o bem de terceiros (embora sem voz) ou a ecologia moral de uma sociedade (o conjunto de condições sociais favoráveis à geração e desenvolvimento dos cidadãos), matérias abrangidas, portanto, pela "razão pública". Por outro lado, advoga medidas nitidamente paternalistas e moralistas, com tiques autoritários e censórios – que se manifestam numa proliferação de proibições, regulamentos e burocracia que enredam, quadriculam e sufocam a vida das pessoas e das empresas – em questões de higiene, saúde, ambiente ou educação sexual. Entretanto, o próprio relativismo tornou-se tirania ideológica, novo "horizonte insuperável do nosso tempo", como dizia Sartre sobre o marxismo. Assim, o Estado restringe a menores o consumo de cerveja, enquanto reduz a idade mínima de consentimento homossexual; castiga o tabaco, ao mesmo tempo que despenaliza a injecção de droga; impede as touradas e financia o aborto. Proíbe prazeres inocentes, estimula desejos perversos...

Um exemplo paradigmático é o tratamento diverso dado a dois problemas sociais, muito discutidos no Reino Unido: a ruptura familiar e a obesidade. A evidência empírica sobre os efeitos nas crianças das crises familiares – pobreza, riscos para a saúde, delinquência, fracasso escolar... –, sobre a fragilidade e instabilidade das uniões de facto e sobre as vantagens para os filhos de contar com os dois pais – ou seja, é preciso dizer, pai e mãe – é bastante robusta. Todavia, de acordo com a ortodoxia secularista, os políticos devem respeitar a diversidade das famílias e o estilo de vida dos adultos, sem meter o seu nariz nos quartos de dormir das pessoas. Quanto ao segundo problema, o ponto de partida é semelhante: a epidemia da obesidade infantil e a livre escolha prejudica o bem-estar das crianças. Em ambos os casos, é o orçamento do Estado – todos nós – quem paga a conta. Em ambos, a sociedade estaria melhor se os pais fossem mais responsáveis. Todavia, ao contrário do que acontece no primeiro caso, considera-se agora que o Estado deve mesmo entrar na cozinha das pessoas e proibir a publicidade de batatas fritas na televisão. Ali, as preferências individuais (embora tidas como arbitrárias) são invioláveis e 'sagradas'. Aqui, ao contrário, os cidadãos são tomados como pobres diabos, vítimas de paixões e motivos heterónomos, obcecados e incapazes e perceber os seus verdadeiros objectivos. O Estado – que conhece o seu bem melhor do que eles próprios – deve libertá-los da irracionalidade e estupidez.

A dialéctica da modernidade

O activismo intrusivo do Estado aparece, em primeira aproximação, como consequência prática do relativismo moral que ele próprio alimenta. O nihilismo destroça as fibras éticas e intelectuais dos cidadãos e subverte as suas solidariedades básicas. Ora, como sublinharam Burke ou Tocqueville, uma sociedade livre só será sustentável quando temperada pelas virtudes, autodomínio e sentido de responsabilidade dos seus membros. Se não o for – se não houver essa auto-contenção, se a família se dissolver – terá de ser o Estado a 'educar' e controlar os cidadãos, para evitar a anomia e viabilizar a cooperação social.

Para além disso, a convivência teórica entre relativismo ético e moralismo político pode perceber-se, talvez, olhando para o percurso 'dialéctico' seguido pelo pensamento moderno: o processo de remissão ao seu contrário de um princípio tomado unilateralmente, em que as expectativas originais se truncam em resultados contrários[8]. Assim, a exacerbação da razão abstracta, no racionalismo dogmático (pela demanda da límpida certeza, sem pressupostos não demonstrados) ou a redução da verdade à certeza empírica (apenas suportada por 'factos' experimentalmente comprováveis) acabou por suscitar a frustração e irritação da razão – impedida de validar os mais elevados fins humanos, "escrava das paixões" – e conduzir ao irracionalismo e nihilismo[9]. Do mesmo modo se saltou do zelo por asseverar metodologicamente a objectividade do conhecimento para a radicalização da subjectividade, e desta para a pura criatividade do sujeito, e se pulou depois da arbitrariedade para o império da vontade. De forma semelhante se passou de um individualismo desorbitado, avesso a qualquer autoridade exterior e cioso da sua independência, para a alienação da

[8] Cf. Daniel Innerarity, *Dialéctica de la Modernidad*, Ediciones Rialp, Madrid, 1990, pp. 20 e seguintes.
[9] Ver João Carlos Espada, *Ensaios sobre a Liberdade*, Principia, Cascais, 2002, pp. 141 e seguintes.

liberdade e da razão, submetendo-as à autoridade irrestrita do Estado, exercida em nome da soberania popular e da "vontade geral".

Essa aliança entre nihilismo e dogmatismo político decorre ainda da tese relativista sobre o igual valor de todas as posições morais, como se estas fossem meras preferências pessoais ou questões de gosto. Ao decretar essa equivalência, como corolário (falso) dos princípios da igualdade e da não discriminação, o Estado 'progressista' sente-se moralmente autorizado a limitar a liberdade – liberdade de expressão, liberdade religiosa e, recentemente, liberdade de profissão, entre outras – daqueles que sustentam, de acordo com a sua razão e consciência, convicções morais substantivas. Daí advêm, por exemplo, as ameaças de criminalização (como fobia) da mera expressão do próprio código moral, bem como restrições crescentes à objecção de consciência, em temas sensíveis como os do 'casamento' entre pessoas do mesmo sexo ou do aborto. (Note-se, de passagem, que a "igual consideração e respeito" devida a todas as pessoas não implica, antes pelo contrário, a complacência face a comportamentos considerados objectivamente aviltantes).

Por fim, o moralismo político foi também enfunado pelo afã de optimização característico da modernidade[10], que exige geometria, vanguarda, centralização e uniformidade. Nasce, em parte, dum certo desprezo pelo homem comum, de preferências vulgares e 'atávicas'. Surge do anelo secreto por um reino de sábios e peritos, por meios dos quais o Estado moderno – epígono do despotismo ilustrado – gostaria mesmo de transformar as mentalidades do povo ignaro, através da propaganda e, sendo preciso, do poder de coerção. Opõe-se à confiança de princípio nas pessoas correntes, corporizada no respeito crítico pela tradição e na democracia. Como dizia Chesterton, a "fé democrática" consiste na convicção de que há coisas que o homem deve fazer por si mesmo, ainda que as faça mal: quer as coisas mais tremendamente importantes – como escrever cartas de amor, educar os filhos ou decidir sobre as leis do Estado –, quer as mais triviais e comezinhas – como assoar o nariz ... – devem ser deixadas aos próprios, pessoas comuns.

---

[10] Ver Daniel Innerarity, *op. cit.*, pp. 211 e seguintes.

As asas do desejo

Tomando como exemplo o antitabagismo imperante, este moralismo político manifesta-se hoje em constrangimentos da liberdade de expressão que seriam inconcebíveis em qualquer tópico de 'moral tradicional'. Em nome da interdição legal de qualquer suposto incitamento ao consumo de tabaco, multiplicaram-se episódios caricatos de censura, desde a confiscação do cigarro de Lucky Luke, até à mais recente obliteração do cachimbo (transformado numa ridícula ventoinha) de Monsieur Hulot, passando pela subtracção do charuto de Churchill nos palcos do teatro. Com tais proibições, não são apenas a liberdade e o fumo que se extinguem. Ao apagar os cigarros da história e da cultura, apagam-se também páginas de uma certa civilização. Com efeito, pode ser que o tabagismo seja um resultado da indigência humana. Mas, tal como acontece com a satisfação de outras necessidades mais básicas – a fome ou a sede, através da gastronomia e do vinho –, também neste caso houve uma elevação e refinamento do tabaco. Fumar ajudou, historicamente – e ainda ajuda – a celebrar a paz e suportar a guerra. Ajuda a vencer o medo, o nervosismo, a solidão e o frio. Favorece a conversação e a amizade, a reflexão e a contemplação. E há mesmo ocasiões em que não se pode fazer outra coisa melhor...

Fumar (demais) é certamente perigoso. Mas seria pena que, por causa disso, rasurassem agora o charuto da boca de Marx (Groucho, não Karl...), ou a boquilha de Audrey Hepburn, ou o cigarro de Bogart em *Casablanca*, precisamente onde – por entre baforadas de cinismo, sem se levar demasiado a sério – se exala um exemplo de carácter, amor verdadeiro, coragem e classe.

Julho de 2009

No Centenário de Peter Drucker – Empresa e Sociedade

"O único pensador de management que qualquer
pessoa culta devia ler."
The Economist, 2005

Peter Ferdinand Drucker nasceu a 19 de Novembro de 1909, em Viena. É reconhecido, sobretudo, como 'pai fundador' e cavaleiro indisputado da moderna teoria da gestão de organizações, enquanto disciplina académica séria, e mesmo como mentor da empresa moderna. Fonte de intuições seminais, foi um autor invulgarmente prolífico e influente: inventor ou visionário da 'gestão por objectivos' e da organização descentralizada, do marketing, das privatizações e da globalização, da 'economia do conhecimento' e do 'terceiro sector', etc. Foi também um pensador original e independente, de um enorme ecletismo, curiosidade intelectual e amplitude de interesses, que a longevidade potenciou: psicanálise, musicologia, economia, filosofia e teoria política, sociologia ou arte chinesa... Aprendeu dinamarquês para ler Kierkegaard e espanhol para ler Baltasar Gracián. Nos seus livros de gestão citava Jane Austen, Henry James ou Charles Dickens. Foi, a seu modo, um sábio enciclopedista, um 'espírito da Renascença', bem distinto dos profetas monoculares incapazes de perceber, como Horatio, que "há mais coisas no céu e na terra" do que a sua ciência pode sonhar.

Não por acaso: Drucker cresceu e foi educado no fértil cadinho cultural da elite vienense – ilustrada, poliglota, cosmopolita e sofisticada –, daquela 'bela época' desaparecida na I Grande Guerra, com o fim do império dos Habsburgos. Depois, seguiu a sorte de uma geração brilhante de austro-húngaros que – desenraizada pelo nazismo, pelo comunismo e pela II Guerra mundial – espargiu pelo mundo anglo-saxónico uma tremenda criatividade e talento. Foi coetâneo e, em alguns casos, conviva de Hayek (Viena, 1899), Karl Popper (Viena, 1902), Von Neumann (Budapeste, 1903), Koestler (Budapeste, 1903), Gombrich (Viena, 1909) e dos irmãos Polanyi. Schumpeter e Mises eram visita regular dos seus pais. Como muitos deles, Drucker abandonou as margens do Danúbio e (passando antes por Hamburgo e Frankfurt) rumou a Inglaterra, primeiro, e depois para os EUA. Da Viena de entre guerras guardou sentimentos contraditórios[1]. A sua cidade natal parecia-lhe envolta por uma atmosfera asfixiante e depri-mente, não só pelo espectro do nazismo como também pela obsessão face ao mundo 'antes da guerra' (ele próprio sufocante e decadente, talvez, como o pintaram Musil ou Kafka). Nas suas memórias, alude à Viena do seu tempo como uma cidade submersa, à imagem de Vineta, aquela Atlântida recriada por Selma Lagerlöf na "*Viagem maravilhosa de Nils Holgersson*": afundada por causa do seu orgulho, arrogância e mesquinhez – conquanto requintada, faustosa (embora fora de moda) e de certo modo fascinante – povoada por fantasmas incapazes quer da vida real e luz do sol quer do descanso eterno[2]. Drucker só escapou desta neblina doentia que era o tempo 'antes da guerra' quando arri-bou aos EUA, em 1937. Entretanto, exerceu direito, banca, jornalismo e consultadoria. Ali, dedicou-se inicialmente ao ensino universitário de política, economia e filosofia. Mais tarde, a gestão de organizações tornou-se o seu interesse central. Neste texto, gostaria de assinalar o seu centenário, comentando a continuidade entre o pensamento moral, político e social de Drucker e os fundamentos da sua teoria do *management*.

---

[1] Peter Drucker, *Memórias de um Economista* (*Adventures of a Bystander*, 1979), Difusão Cultural, Lisboa, 1995, pp. 19 e seguintes.

[2] Peter Drucker, *ibidem*, pp. 76 e seguintes.

O fim do 'homem económico' e o futuro do 'homem industrial'

O trajecto e projecto intelectual de Peter Drucker não podem ser entendidos com independência das convicções políticas e religiosas forjadas nos seus anos vienenses, da sua experiência na Alemanha de Weimar e do clima cultural e espiritual de entre guerras, marcado pela crítica – ideológica e histórica – do capitalismo democrático[3]. Os interesses iniciais do jovem Drucker são de índole político--filosófica. Em 1933 (aos 23 anos), escreve *"Friedrich Julius Stahl: Conservative Theory of the State and Historical Development"*, enfatizando a importância da estabilidade política e da harmonia social, numa perspectiva conservadora. No mesmo ano, assina um curto ensaio intitulado *"The Unfashionable Kierkegaard"*, um texto profundamente cristão, existencialista e também 'kierkegaardiano', influenciado talvez por Martin Buber[4], com quem conviveu durante a sua permanência em Frankfurt. Recusa a dissolução da pessoa singular em substâncias genéricas e maiúsculas – seja a Vontade Geral, a História, o Absoluto ou a Humanidade (como em Rousseau, Hegel e Marx); rejeita a ideia de que o homem possa ser 'salvo' pela política ou pela sociedade (ou tão--pouco, aliás, pela virtude ou pela ética sem Deus); e assinala a falência do optimismo liberal.

Em 1939, prossegue na mesma linha com *"The End of Economic Man: The Origins of Totalitarianism"*, em que trata da ascensão do nazismo. Aí, Drucker sustenta que a oportunidade para o triunfo nazi foi fornecida pelo fracasso quer do capitalismo burguês quer do socialismo marxista frente aos problemas existenciais criados pela industrialização. Em particular, a rendição das massas ao totalitarismo parecia-lhe uma consequência da desertificação da paisagem espiritual operada pela implosão da tradicional visão cristã do mundo, desagregada e substituída por um racionalismo ressequido e pelo atomismo social.

---

[3] É esta a tese de Nils Gilman, "The Prophet of Post-Fordism: Peter Drucker and the Legitimation of the Corporation", em Nelson Lichtenstein (Ed.), *American Capitalism: Social Thought and Political Economy in the Twentieth Century*, University of Pennsylvania Press, 2006, pp. 109 e seguintes.

[4] Cf. Michael Schwartz, "Drucker and Buber, The Germanic Search for Community as the Meaning of the Modern American Corporation", *Research in Ethical Issues in Organizations*, 2003, 3, pp. 21-35.

DEMOCRACIA LIBERAL – A POLÍTICA, O JUSTO E O BEM

Invocando ainda Kierkegaard e Dostoievski, Drucker faz notar como a existência do indivíduo – nesse universo mecanicista e economicista, 'desalmado' e *godless* – se tornara inteiramente opaca, informe e vazia de sentido[5]: *"Man is isolated within a tremendous machine, the purpose and meaning of which he does not accept and cannot translate into terms of his experience. Society ceases to be a community of individuals bound together by a common purpose, and becomes a chaotic hubbub of purposeless isolated monads"*. Depois, sobre esta 'angústia existencial', a Grande Depressão acrescentara uma profunda e generalizada crise social. Nesse contexto, o nazismo oferecia, ao menos, a promessa de libertar o homem de um mundo que 'perdeu sentido'. Aos olhos do jovem Drucker, o capitalismo falhara gravemente algures. Tal como parece hoje a muitos dos nossos contemporâneos.

Em *"The Future of Industrial Man"* – escrito em 1942, já nos Estados Unidos, num tom mais desanuviado – Drucker prossegue a sua investigação sobre o capitalismo, as suas patologias e a sua cura. Insiste em que a dissonância entre a organização social, por um lado, e a organização técnica da sociedade industrial, por outro, gerou um problema de legitimidade das instituições presentes no mundo ocidental. Lembra que nenhuma sociedade pode funcionar a não ser que conceda aos seus membros sentido, estatuto e função, e sem que o poder social decisivo seja legítimo. A insatisfação destas duas condições gera crispação social e radicalismo político. Drucker sugere ainda que a (grande) empresa é a instituição social mais "representativa" da sociedade industrial, enquanto lugar e espelho dos valores e ideais sociais: "Os fenómenos sociais representativos do sistema industrial do nosso tempo são a fábrica de produção em massa e a empresa (*corporation*): a linha de montagem é o ambiente material representativo; a empresa é a instituição social representativa"[6]. Contudo, Drucker questiona a legitimidade do poder das corporações. Por um lado, antecipando os problemas de *corporate governance*, deplora a escassez da sua legitimidade formal: o poder dos gestores *"is in the more literal sense unfoun-*

[5] Cf. Nils Gilman, *op. cit.*, p. 113.
[6] Cf. Peter Drucker, *The Future of Industrial Man* (1942), Transaction Publishers, 1995, p. 60.

ded, unjustified, uncontrolled and irresponsible power"[7]. Por outro lado, o poder empresarial careceria de uma espécie de 'legitimidade de exercício', avaliada pelo padrão da harmonia conseguida entre os vários interesses razoáveis: do capital, do *management*, dos trabalhadores e da comunidade. Isto remete-nos para a primeira das condições, acima referidas, para a sustentabilidade do capitalismo: a de que este proporcione sentido e valor ao trabalho humano. A este propósito, vale a pena recordar o ambiente laboral típico e o esquema básico duma linha de produção em série (de então): o trabalho decomposto nas suas partes mais elementares, sem coesão apreensível; a selecção e disposição dos trabalhadores indicados para as tarefas identificadas, ao longo da cadeia; uniformidade, rotina e especialização máximas no desempenho dessas lides; por fim, um pacote de incentivos adequado, para assegurar que tudo funciona. Ou seja, o trabalhador seria tanto mais eficiente quanto mais maquinal e menos humano fosse. Aldous Huxley (em *"Brave New World"*), Charlie Chaplin (em *"Modern Times"*) ou George Orwell (em *"James Burnham and the Managerial Revolution"* e em *"1984"*)[8], entre outros, representaram esse reino sombrio da 'gestão científica' – em que o indivíduo é reduzido a peça de uma engrenagem, descartável e inter-cambiável, por imperativo tecnológico – sugerindo aliás afinidades ambíguas e perigosas entre o afã de optimização e eficientismo capitalistas e o *animus* totalitário.

O conceito de empresa e a gestão como 'arte liberal'

Ao reconhecer o potencial deletério e alienante do capitalismo, Drucker não é certamente original e entronca numa longínqua tradição encetada já pelos economistas clássicos – como Adam Smith ou Marx. Ao sublinhar que esse carácter alienante é causa do mal-estar das sociedades ocidentais, Drucker segue na esteira de intelectuais contemporâneos – de Talcott Parsons a Kojéve, incluindo expoentes da escola de Frankfurt como Walter Benjamin, Adorno ou Erich Fromm. Como eles, procura também uma nova ordem social: o capitalismo

---

[7] Cf. Peter Drucker, *op. cit*, p. 64.
[8] John Micklethwait e Adrian Wooldridge, "Peter Drucker, the Guru's Guru", *The Mckinsey Quarterly*, 1996, vol. 3, pp. 147-149.

carecia seguramente de reforma. Todavia, para Drucker, as raízes daquele mal-estar não se encontram na estratificação social ou na propriedade privada, mas sim no despojamento psicológico e existencial do trabalhador relativamente ao seu trabalho[9]. Onde Drucker surpreende é na sua proposta: não um salto revolucionário no escuro de mundos novos, mas simplesmente, modestamente, o aperfeiçoamento do governo das organizações. A 'boa gestão' seria um caminho viável, capaz de legitimar o capitalismo e minimizar a sua rudeza, de fomentar a liberdade e responsabilidade pessoal e favorecer o progresso económico e uma sociedade civil vibrante, livre e harmoniosa. Enfim, Drucker combina um certo pessimismo existencial e humildade face ao infinito dos problemas humanos – de ressonância kierkegaardiana – com um melhorismo pró-activo do mundo temporal e finito, visando aliviar os seus piores males.

A investigação posterior de Drucker no campo do *management* será um fruto maduro dessa preocupação em amenizar a industrialização, dar um sentido ao trabalho das pessoas, salvaguardar a liberdade e prevenir o regresso das crises sociais e políticas do capitalismo liberal dos anos 20 e 30 do século passado[10]. Em 1946, compendiando um estudo de dois anos sobre a General Motors (então sob a presidência de Alfred Sloan), publica *"Concept of Corporation"*. Trata-se do texto fundador da teoria do *management* e a primeira dissecação sistemática das virtudes da gestão descentralizada. De acordo com Drucker, o seu objectivo era precisamente mostrar como um sistema de livre empresa poderia funcionar: como as empresas americanas poderiam cometer as suas funções económicas fundamentais e, simultaneamente, satisfazer as aspirações da sociedade. A inovação metodológica chave do livro – que configura talvez o maior contributo teórico de Drucker – foi a concepção da empresa como empreendimento humano, instituição social e fenómeno moral, bem como a articulação das funções sociais da empresa em termos políticos. Por outras palavras, a percepção de que a gestão das organizações configura essencialmente um problema humano, e não apenas (embora também) de técnica financeira,

---

[9] Cf. Nils Gilman, *op. cit.*, pp. 116 e seguintes.
[10] Cf. Nils Gilman, *op. cit.*, pp. 118 e seguintes.

tecnológica ou psicossociológica. Daí que considere a profissão do gestor como uma 'arte liberal', mais do que como ciência. 'Liberal' porque lida com os fundamentos do conhecimento, auto-conhecimento, sabedoria e liderança; 'arte', porque é prática e aplicação[11].

Assim, Drucker demarca-se da visão do trabalhador como mecanismo – eficiente, automático e padronizado – idealizada por Frederick Taylor e aplicada por Henry Ford, de modo paradigmático, na fábrica de River Rouge. Drucker não ignorava os méritos de Ford: no fundo, a produção em massa era o início do consumo de massas. River Rouge era talvez uma máquina perfeita e sem mácula; simplesmente, não era humana. Quanto a Taylor, Drucker equipara-o (em substituição de Marx) a Freud e Darwin – personagens cuja herança intelectual não prezava particularmente – na galeria dos principais construtores do mundo moderno. O taylorismo parecia-lhe mesmo a mais poderosa e perdurável contribuição americana ao pensamento ocidental desde os *"Federalist Papers"*[12]. Não desvaloriza a abordagem científica dos processos industriais, critica sim a sua insuficiência e desumanidade, que limitam o desempenho da empresa e, ao mesmo tempo, exacerbam a crise espiritual de capitalismo[13]. Ao *"the one best way"* de Taylor, opõe uma organização flexível centrada no protagonismo do trabalhador: como recurso em vez de custo apenas, como pessoa em vez de factor de produção somente; pessoa capaz de perceber o que está a fazer e porquê, capaz de iniciativa e imaginação, cuja humanidade e personalidade podem acrescentar valor e não meramente atrito. Se isto hoje nos parece banal – na retórica, que não na prática – é a Drucker que o devemos.

Paralelamente, *"Concept of Corporation"* apresenta um modelo de fábrica como "comunidade fabril auto-governada" (*"self-governing plant community"*): espécie de 'instituição intermédia', capaz de representar na sociedade industrial a função mediadora e integradora da aldeia

---

[11] Peter Drucker, *The New Realities*, Transaction Publishers, New Brunswick, New Jersey, 2003, pp. 213 e seguintes.

[12] Citado por James Hoopes, *False Prophets: the Gurus who Created Modern Management and why Their Ideas are Bad for Business*, Cambridge, Mass., Perseus Publishing, 2003, p. 253.

[13] Cf. Nils Gilman, *op. cit.*, pp. 119-120.

DEMOCRACIA LIBERAL – A POLÍTICA, O JUSTO E O BEM

na sociedade rural e do mercado (em sentido estrito) na sociedade mercantil. Seria responsável pela organização do trabalho e pela gestão de serviços sociais da fábrica (distribuição de tarefas, disciplina, segurança, saúde, refeitório, creche, jornal...), com autonomia completa, mas circunscrita a esses âmbitos. A gestão económica da fábrica permaneceria inteiramente nas mãos da hierarquia da empresa. Tratava-se de aplicar o modelo político americano – democrático, federal e de equilíbrio de poderes – ao mundo industrial, evitando quer o despotismo burocrático quer o paternalismo patronal. A ideia tem vários problemas práticos e teóricos que não cabe agora dilucidar. De qualquer modo, nunca foi levada a sério nem pelos sindicatos nem pelos órgãos directivos das empresas. O que importa salientar aqui é que, para Drucker, esta visão de algum modo comunitarista significaria boa gestão. Mas significaria, também, resposta à sede humana de sentido e reconhecimento.

Drucker e a 'ética empresarial'

Drucker chocou os seus admiradores e irritou os seus críticos quando, num famoso artigo publicado em 1981[14], negou vigorosamente a entidade ou necessidade da 'ética empresarial': a ideia de uma ética exclusiva ou específica dos negócios. O seu argumento central é o de que, de acordo com a filosofia moral do Ocidente, só o indivíduo é sujeito moral e que os princípios éticos são universais, embora se apliquem tendo em conta as circunstâncias. O resto seria casuística e degeneraria rapidamente na procura de justificações para o comportamento imoral dos poderosos. Teria sido assim com a 'razão de Estado'; seria agora com a 'ética empresarial'. Por outro lado (e quase ao contrário), Drucker reage contra aquilo que vê como uma moda nefasta, resquício da herança puritana, que tenderia a impor cargas ilegítimas sobre as organizações.

A discussão sobre este assunto extravasa obviamente os limites deste texto[15]. Gostaria apenas de tocar em três dos tópicos sugeridos

---

[14] Peter Drucker, "What is Business Ethics?", *Public Interest,* 63, 1981, pp. 18-36.
[15] Ver, por exemplo, W. M. Hoffman e J. Mills Moore, "What is Business Ethics? A Reply to Peter Drucker", *Journal of Business Ethics,* 1, 4, 1982, pp. 293-300.

por Drucker. Contra ele, é certo que a empresa enfrenta problemas morais típicos – embora não exclusivos – em questões difíceis como a da "hipoteca social da propriedade privada". Claro que se pode objectar que isto é um problema para os detentores do capital, não para a empresa – como se esta tivesse personalidade moral – nem para os seus gestores. Estes teriam, em primeiro lugar, um dever moral de lealdade com aqueles de quem são 'agentes' ou 'delegados', e a cujos interesses legítimos e razoáveis deveriam subordinar os dos restantes *stakeholders*. Mas é precisamente a ponderação dessa legitimidade que é objecto da ética. Em segundo lugar, os dirigentes empresariais perseguem uma espécie de bem comum da sua 'sociedade': segurança, justiça, continuidade. Exercem funções de governo, funções políticas, que reclamam de modo particular a virtude da prudência (sem dispensar as outras virtudes morais). Recorde-se que Aristóteles, na Política, discute "se devemos afirmar que a bondade de um homem bom é idêntica à de um bom cidadão" ou de um bom governante[16], sugerindo que as qualidades ou virtudes, típicas, próprias ou mais necessárias para os titulares de funções de direcção são diferentes das exigíveis para os 'homens bons' (tal como Platão já havia alvitrado). Ora, se – como Drucker nota – a prudência é a grande ausente da *business ethics*, por outro lado, esta é justamente uma matéria onde sobressai a especificidade da ética empresarial.

Todavia, Drucker tem razão no ponto essencial: para ser honrado, prudente, justo, forte e sensível ao bem comum não se requer 'ética empresarial'. Basta a ética. Basta o que Drucker chamava o 'teste do espelho' – que tipo de pessoa quero ver ao espelho no dia seguinte de manhã? – atribuindo a esse espelho o sortilégio do retrato de Dorian Gray, capaz de reflectir no rosto as marcas da deformidade moral que a mentira, cobardia, ganância, fraude, abuso e preguiça vincam na alma...

Ver também, para enquadramento, João César das Neves, *Ethical Reasons for Ethical Behaviors*, 2007. http://docs.google.com/gview?a=v&q=cache:3myb4nwdOQcJ:www.fcee. lisboa.ucp.pt/resources/documents/seminario/Joao_Cesar_das_Neves_07.

[16] Cf. Aristóteles, *Política*, Livro 3, Cap. 4.

O legado de Drucker e os desafios do presente

Drucker escreveu cerca de meia centena de livros e, naturalmente, não foi imune a críticas. Como vimos, por exemplo, a ideia de empresa como "comunidade auto-governada" nunca funcionou e é duvidoso que pudesse (ou devesse) fazê-lo. Por vezes, fica-se com a impressão de que se deixa arrastar pelo próprio entusiasmo, contagiado pelo proverbial 'optimismo americano', e que tudo encaixa nas suas teorias com demasiada facilidade e excesso de lógica. Ocasionalmente, parece sucumbir ante a tentação racionalista e utópica (contra a qual preveniu nos seus primeiros escritos), sugerindo que "a qualidade de vida, o progresso tecnológico, a paz no mundo são tudo produtos de boa gestão"[17]. *"We need not an ideology but a science — a new science of industrial peace"*[18], afirmou. Como Winston Churchill referiu[19], é curioso como uma pessoa tão desperta para os perigos das concepções mecânicas seja apanhado pelo mecanismo dos seus próprios argumentos, na armadilha positivista que supõe despachar todos os problemas morais, sociais e políticos com soluções técnicas e 'científicas'. De resto, na nossa sociedade pós-industrial, o taylorismo reviveu – na obsessão com a medição do desempenho, por imperativo do aumento da produtividade – e o mal-estar laboral alastra novamente, como ilustra talvez a terrível série de suicídios na France Telecom[20]. Todavia, com estas reservas, pode-se talvez concordar com Drucker em que a gestão foi uma das maiores inovações sociais do século XX e um 'órgão' da maior importância na sociedade moderna.

Como Drucker desejava (e, em parte, graças a ele), a boa gestão contribuiu não pouco para o progresso económico e para a harmonia social. Converteu massas em 'organizações', traduziu esforço em desempenho[21], transformou ideias luminosas (e inertes) em resultados. Ajudou a quebrar a lei de ferro do capitalismo e da economia

---

[17] Ver *The Economist*, "Peter Drucker", Oct 17th 2008 (citação de Rosabeth Moss Kanter).

[18] Peter Drucker, "The Way to Industrial Peace", *Harper's Magazine* 193, November 1946, p. 386.

[19] Ver Winston Churchill, Review of "The End of Economic Man", *Times Literary Supplement*, 27 May 1939.

[20] Ver *The Economist*, "Hating what you do", Oct 10th 2009.

[21] Peter Drucker, "Managing in Turbulent Times", *Harper Business*, 1980, p. 104.

clássica segundo Marx, a lei inexorável dos rendimentos decrescentes. Estimulou a produtividade, não por via de mais árduo trabalho mas através de maior eficiência. Dinamizou empresas, associações de escuteiros, dioceses, hospitais, universidades e até organismos públicos. Segundo Drucker, a verdadeira razão pela qual alguns países conseguiram saltos sustentáveis de crescimento económico não é que tenham descoberto novas tecnologias, mas que inventaram novas organizações: a General Motors, depois de Alfred Sloan, é uma criação mais espantosa que o motor de combustão; o hospital moderno é mais radicalmente decisivo que a última inovação farmacêutica[22]. Enfim, a boa gestão melhorou e transfigurou as corporações e com elas o capitalismo, a sociedade e a vida real da maioria das pessoas. A actual crise económico-financeira mostrou-nos, todavia, que nem tudo correu bem e que é necessário fazer melhor. Que seja possível fazer melhor depende, em grande parte, de cada um de nós.

Novembro de 2009

[22] Ver John Micklethwait e Adrian Wooldridge, *op. cit.*, p. 158.

Caridade, ética e mercado – A crise financeira e a *Caritas in Veritate*

> *"Não é por interesse próprio que o talhante salta ao rio para salvar-nos de morrer afogados."*
> E. G. West, *Adam Smith: The Man and His Works*

> *"A proeza capitalista não consiste em fornecer mais meias de seda para as rainhas, mas em trazê-las ao alcance das raparigas das fábricas em troca de um esforço continuamente menor."*
> Joseph Schumpeter, *Capitalismo, Socialismo e Democracia*

> *"O amor natural não é auto-suficiente. Alguma outra coisa (...) deve vir em seu socorro."*
> C. S. Lewis, *The Four Loves*

As opiniões adoptadas a propósito da crise económico-financeira que atravessamos podem ser dispostas ao longo de um eixo entre duas posições extremas: numa ponta, a que vê a crise como 'acidente'; no outro cabo, a perspectiva da crise como 'revelação'[1]. No primeiro caso, tratar-se-ia de um percalço conjuntural, ciclicamente inevitável

---

[1] Ver Gilbert Lenssen, "A crisis of Governance, Questions on turbulent times", em *Proceedings of EABIS 3rd Annual Leaders Forum*, 4 June 2009, pp. 8 e seguintes.

– ainda que imprevisível, extraordinário e 'disruptor' – do qual regressaríamos, talvez penosamente mas sem demasiados sobressaltos, quer à *economics as usual*, quer ao *business as usual*. No fundo, poderíamos continuar a confiar nas actuais lógicas do mercado e do poder, com ajustamentos pontuais, corrigindo os excessos 'neoliberais': na teoria económica, nas políticas públicas, na regulação financeira, na *corporate governance* e na cooperação internacional (também para corrigir os desequilíbrios macroeconómicos globais, provocados por assimetrias regionais de endividamento, consumo e poupança). Afinal, as coisas nem correram muito mal: como oportunamente observou Robert Lucas[2], as medidas de emergência tomadas de acordo com a sabedoria económica 'convencional' permitiram controlar a recessão, não sendo perscrutável (de momento, pelo menos...) uma contracção da economia equiparável – nem sequer remotamente – à ocorrida na Grande Depressão.

Na outra extremidade, esta crise revelaria a fundamental e estrutural instabilidade e insustentabilidade do nosso sistema global – económico, político, social e ecológico –, que deveria ser aproveitada para ver a sociedade, o Estado, o mercado, o trabalho e a nossa própria vida com outros olhos, requerendo uma completa reversão das instituições e processos de governação global e das regras e controlos sobre as empresas (com as quais a sociedade deveria estabelecer em novos termos o seu 'contrato social'). Segundo a tese da 'revelação', a proverbial capacidade do capitalismo para reciclagem de crises teria atingido o seu limite: a escala global, a porosidade quer das fronteiras políticas quer das que separavam a esfera pública do espaço privado, a consequente inter-conectividade, compenetração e correlação dos riscos das empresas, bem como a disseminação e amplificação dos efeitos colaterais caóticos das sucessivas adaptações evolucionistas do capitalismo, podem atingir agora, de modo fatal, o nosso mundo.

Neste contexto, a crise revelaria basicamente duas coisas: em primeiro lugar, o conceito de empresa deveria ser redefinido, como entidade responsável perante a comunidade em que se insere (partilhando a riqueza criada) e perante o planeta (contribuindo para seu o desen-

---

[2] Ver Robert Lucas, "In defence of the dismal science", *The Economist*, Aug 6th 2009.

volvimento sustentável), sob o escrutínio e pressão da 'sociedade civil'. Não bastaria já a tradicional correcção de externalidades da actividade das empresas, ao nível microeconómico; agora, seria necessário gerir o sistema económico ao nível macro-social, com vista à sua sustentabilidade. Em segundo lugar, a crise teria 'revelado' a falência da hipótese económica neoclássica de que o mercado livre é eficiente, tende para o equilíbrio e produz resultados óptimos, atendendo à racionalidade dos agentes (manifestada pela procura do interesse próprio). Dessa hipótese, teria derivado o teorema nefasto da 'maximização do valor para o accionista'. Daí resultariam ainda a generalização de práticas comerciais predatórias e a obsessão dos gestores com o desempenho financeiro de curto prazo, em detrimento da criação de valor económico real (i.e., produtos e serviços valorizados no mercado). Os únicos ganhadores deste desastre teriam sido investidores e especuladores gananciosos.

Em suma, a teoria da 'revelação' – que, como se sabe, é uma tradução de *apocalipse* – implica a opção por um novo paradigma: uma concepção integrada e ramificada da empresa, da sociedade e do Estado, incluindo um novo sistema global de gestão política e social do planeta. Entretanto, a relação de forças entre o mercado e mundo empresarial, por um lado, e o poder político, por outro, teria mudado também: o Estado e a política estão de regresso, revigorados; os mercados estão deprimidos, instáveis e 'fatigados'; e a teoria económica está perplexa e desbaratada.

'Acidente' ou 'Revelação'?

Não trato aqui de indagar se 'o pior já passou', se o gráfico da crise e recuperação será (ou está a ser) em L, U, V ou W, ou se o sistema económico pode 'ter alta' e sair da unidade de cuidados intensivos: se os seus órgão vitais são capazes de recobrar o funcionamento sem estarem 'ligados à máquina'[3] e de aguentar o processo de *phasing-out*. Gostaria apenas de sugerir os riscos políticos de ambas as perspectivas alternativas.

---

[3] Ver G. Lenssen, *op. cit.*

Em primeiro lugar, julgo que a tese 'apocalíptica' é ambiguamente antiliberal e adversa à economia de mercado – considerada como inimiga do bem comum e 'lugar' do egoísmo – e ao sistema de livre empresa. Não só porque o mercado é precisamente o sistema que, historicamente, mais eficaz se mostrou na transformação do interesse próprio em interesse geral (proposição que a crise não teria falsificado ou refutado empiricamente, senão por generalização abusiva). Não apenas porque, formalmente, a empresa – e as liberdades económica, de associação e de contrato que lhe estão implícitas – são, em si mesmas, constituintes do bem comum (do qual fazem parte as condições sociais favoráveis a que cada pessoa prossiga os seus próprios fins legítimos e a permitir a fruição dos modos de vida preferidos por cada um). Mas também porque, materialmente, a empresa cumpre já uma função social: proporciona bens e serviços desejados pelas pessoas, criando ou acrescentando valor que distribui por trabalhadores, fornecedores e accionistas (presumindo um processo justo de acordos voluntários entre eles, sem violência, fraude ou abuso de posição dominante). O bem comum não é extrínseco ou exógeno à empresa.

Isto não exclui, em qualquer caso, a menorização dos princípios da prioridade das pessoas sobre as coisas, da 'hipoteca social da propriedade privada' ou do 'destino universal dos bens da terra', cujo respeito deve onerar a consciência de quaisquer detentores de capital. Todavia, é provável que por detrás do discurso banal – e ideológico – sobre a 'ética empresarial' se encontre, realmente, uma certa desconfiança ou mesmo desprezo pelas actividades comercial e financeira – de longínqua raiz greco-romana – misturada com aquela hostilidade face ao capitalismo e aos empresários de que falava Schumpeter. No fundo, o lucro seria um rendimento 'suspeito', olhado de soslaio, que deveria ser recoberto pelo manto diáfano da 'responsabilidade social' para granjear honorabilidade. Neste sentido, a 'ética empresarial' – no seu pior – é retórica politicamente correcta, marketing de imagem (meramente cosmético), má consciência ou politização autoritária do espaço privado[4]. Não se ignora o aviltamento moral a que pode levar a riqueza material, pela avareza, prepotência e endurecimento do

---

[4] Ver J. M. Moreira, *Leais, Imparciais & Liberais*, bnomics, Lisboa, 2009, pp. 199 e seguintes.

coração. Mas, em geral, o lucro é simplesmente a remuneração (justa e socialmente necessária) do risco, inovação e energia empresarial. É ainda um indicador de que a empresa cumpre a sua primeira responsabilidade perante a sociedade: criar valor no mercado, oferecer um produto ou serviço que satisfaz uma necessidade real e como tal é valorizado pelos clientes, em termos que garantam a sua continuidade no longo prazo (ou seja, *inter alia*, lucrativos). Pressupõe que se tratam empregados, fornecedores e outras partes interessadas com respeito e honradez. Pressupõe ainda ter em atenção o bem comum. Mas, para tal, não precisamos, de um ponto de vista ético, de um novo 'contrato social' (importação espúria da teoria política): contrato implícito entre os membros da sociedade e as empresas, nos termos da qual a actividade empresarial só poderia ser prosseguida na condição de que sirva os interesses da sociedade, em moldes determinados politicamente, de forma ambígua. De resto, quer a 'teoria do contrato social' quer a '*stakeholder theory*' parecem enquadrar-se melhor (não necessariamente de forma hipócrita) no âmbito de uma teoria positiva de boa gestão, em nome do interesse próprio ilustrado ou 'bem entendido' dos accionistas[5].

Contudo, a tese do 'acidente' também não satisfaz: é um pouco complacente na auto-suficiência dos 'mecanismos' do mercado, insensível ao sofrimento de 'curto prazo', inclinada a uma certa arrogância e surdez à refutação, acabando por remeter, involuntariamente, para a tese da revelação. Por exemplo, o foco exclusivo e obsessivo na maximização do valor para o accionista, quer como finalidade da empresa quer como princípio de gestão, é (como foi) destrutivo de valor, a médio prazo. Como vimos, as empresas cumprem uma função social quando satisfazem necessidades dos consumidores, competindo pelo seu orçamento. Se o fazem de modo eficiente, são recompensadas e ganham dinheiro. Uma vez que, em última análise, os lucros vão parar aos bolsos dos investidores, a responsabilização dos dirigentes face aos accionistas será, em princípio, uma boa garantia de que a empresa

---

[5] Ver "Exploring business's social contract: an interview with Daniel Yankelovich", *The Mckinsey Quarterly*, May 2007. Ver também I. Davis, "What is the business of business?", *The Mckinsey Quarterly*, August 2005.

permanece lucrativa e, para tanto, atractiva para os clientes. Assim, é verdade que a dedicação de gestores competentes a melhorar produtos, agradar a consumidores e motivar colaboradores redundará em lucros e subida de cotação dos respectivos títulos. Mas a maximização do valor para o accionista na sua versão crassa vai muito para além disso: o rendimento do accionista – e, para mais, unicamente centrado na subida de cotação no curto prazo – seria o objectivo operacional e a definição do sucesso da empresa[6]. Ora isso – para além de suscitar incentivos perversos – acabaria por secundarizar o mercado, cujo serviço é a justificação última da empresa.

De resto, essa versão do capitalismo é também claramente redutora. A empresa é certamente uma organização humana orientada à criação de riqueza: a ganhar dinheiro. Todos os que participam numa empresa o fazem, entre outras razões, para conseguir determinados bens económicos. Todavia, a generalidade e importância dos motivos económicos não obscurece ou desdoura a realidade de outro tipo de motivos, associados ao grau de satisfação e ao desenvolvimento pessoal dos que a promovem e com ela colaboram. Ainda que a optimização dos lucros subsista como 'ideia reguladora', as empresas e os empreendedores – de um ponto de vista existencial, digamos – perseguem essencialmente outros fins: realização de projectos, ideais, sonhos, produtos, experiências, serviço aos outros, etc.

Interesse, gratuitidade e mercado

Entretanto, Bento XVI veio projectar nova luz sobre a questão, recordando que "as maiores coisas desta vida – Deus, amor, verdade – são gratuitas"[7]. Uma sociedade onde a 'lógica do dom' fosse suprimida, afogada pela lógica da troca mutuamente auto-interessada, sempre sopesando custos e benefícios recíprocos e clamando justiça, seria certamente menos humana. A pessoa cumpre-se, precisamente, no dom de si própria. "O ser humano está feito para o dom, que exprime e

---

[6] Ver Editorial Comment, "Shareholder value re-evaluated", *Financial Times – The Future of Capitalism*, May 12 2009, p. 35.

[7] Bento XVI, abertura da II Assembleia Especial para a África do Sínodo dos Bispos, 2009.

realiza a sua dimensão de transcendência"[8]. Neste contexto, a última encíclica do Papa sugere justamente a necessidade de dar mais espaço ao princípio da gratuitidade e à 'economia da comunhão'.

Bento XVI não considera o mercado moralmente problemático, contra o qual a sociedade se deva precaver, como se o seu desenvolvimento implicasse *ipso facto* a morte das relações autenticamente humanas[9]. "O mercado, se houver confiança recíproca e generalizada, é a instituição económica que permite o encontro entre as pessoas, na sua dimensão de operadores económicos que usam o contrato como regra das suas relações e que trocam bens e serviços fungíveis entre si, para satisfazer as suas carências e desejos. O mercado está sujeito aos princípios da chamada justiça comutativa, que regula precisamente as relações do dar e receber entre sujeitos iguais"[10]. Neste sentido, o mercado favorece o respeito mútuo e o reconhecimento da igual dignidade do outro, honra a autodeterminação dos indivíduos, concede maior liberdade de escolha e menos coacção, e evita a relação degradante entre arrogância e submissão que conota os sistemas coercivos ou monopolistas.

O que Bento XVI sublinha é a insuficiência do mercado, num vácuo moral, cultural e político. Por um lado, "a área económica não é eticamente neutra nem de natureza desumana e anti-social. Pertence à actividade do homem; e, precisamente porque humana, deve ser eticamente estruturada e institucionalizada"[11]. Por outro, "a actividade económica não pode resolver todos os problemas sociais através da simples extensão da lógica comercial"[12]. As relações contratuais fundadas no cálculo interesseiro e utilitário não constituem plenitude, fim ou paradigma de excelência da interacção humana, não esgotam a vida humana e social, nem contêm a totalidade das actividades política, pública e privada. Apesar da superioridade moral relativa da economia de mercado, não é exacto dizer que *"manners will never be uni-*

---

[8] Cf. Bento XVI, *Caritas in Veritate* (CV), Paulus Editora, Lisboa, 2009, nº 34, pp. 51 e 53.
[9] Cf. CV nº 36.
[10] Cf. CV nº 35.
[11] Cf. CV nº 36.
[12] *Ibidem.*

versally good until every person is every other person's customer[13], como o faz Bernard Shaw, ironicamente, na voz de um personagem de uma das suas peças. Uma sociedade bem ordenada requer algo mais do que o interesse próprio, grosseiro ou ilustrado. E a actual crise económica e financeira teria descoberto uma hipertrofia da dimensão mercantil da sociedade ocidental, contagiando aquele cinismo que consiste – segundo a famosa definição de Oscar Wilde – em saber o preço de tudo e não saber o valor de nada, ignorando os laços de solidariedade humana.

Mão invisível, amor-próprio e comunhão

Contudo, é também certo que "não é da benevolência do padeiro, do açougueiro ou do cervejeiro que provém o meu jantar, mas sim do seu empenho em promover o seu interesse próprio", como Adam Smith observou. E o 'interesse próprio' não é sinónimo de egoísmo ou de imperfeição moral. Aliás, classicamente, o egoísmo sempre foi tomado como uma desordem ou corrupção do amor-próprio que, como tal, era visto como algo genuinamente bom e mesmo moralmente obrigatório. E na tradição judaico-cristã, o modelo e paradigma do amor ao próximo é precisamente o amor a si mesmo. De resto, o interesse próprio não é contraditório com o amor verdadeiro ainda noutro sentido. A maior parte dos homens comuns – os padeiros e talhantes de Adam Smith – procura honradamente ganhar mais dinheiro com vista a melhorar a condição das suas famílias. Porque a caridade deve ser ordenada: começa pelo 'próximo'. De resto, esses mesmos taberneiros e alfaiates foram capazes, ao longo da história, de actos de generosidade desinteressada e deram as suas vidas – muitas vezes, com a sua morte – pelas pessoas, e até pelas ideias, que amavam: por Deus, pela sua mulher e filhos, pela sua pátria e amigos. (Ao mesmo tempo, é imprudente ignorar a fragilidade moral do homem comum, a par da sua grandeza. E a economia de mercado é compatível como uma visão antropológica dita 'restrita', que assume como um dado as limitações morais da pessoa e enfrenta como principal desafio moral e social a tarefa de tirar partido das possibili-

---

[13] Cf. G. B. Shaw, *Village Wooing.*

dades desta restrição, em vez de desperdiçar energias na vã tentativa de mudar a natureza humana[14].)

Por outro lado, gostaria ainda de sugerir que a 'economia da comunhão' também tem necessidade do mercado. Não só porque dele depende o meu jantar. Mas sobretudo porque dele provém a ceia daqueles a quem pretendo ajudar. Animados pelo seu interesse próprio, padeiros, talhantes e cervejeiros – que não conhecem ou contactam os destinatários finais dos seus produtos – vão procurar servir os seus clientes melhor do que o fazem os seus concorrentes. Vão procurar tirar o melhor partido dos seus talentos e utilizar de modo eficiente os factores de produção necessários a esse serviço, guiados pelos preços relativos desses recursos, preços heuristicamente determinados no mercado. Progressivamente, os seus produtos podem tornar-se mais baratos e acessíveis aos mais pobres.

Isso só é viável porque os preços fornecem informação que capacita os indivíduos a perceber o custo relativo de diferentes padrões de produção e consumo. A escola austríaca desenvolveu essa função epistemológica do mecanismo de preços, para além do achado na tradição *walrasiana* da economia clássica (i.e., não apenas meio de descoberta e difusão de informação que poderia ser conseguida por outros meios mais custosos). Como Hayek explicou, o conhecimento humano é incapaz de organizar e 'compreender' uma ordem extensa e complexa, como é a sociedade humana, ou de lidar com toda a informação relevante, que é imensa, mutante, dispersa e latente. Em contrapartida, através do sistema de sinais contido nos preços, o mercado concorrencial é capaz de processar o plexo de preferências, necessidades e valores dos indivíduos, permitindo uma coordenação espontânea das acções de milhões de pessoas – sem contacto entre si – e a afectação

---

[14] Ver T. Sowell, *A Conflict of Visions: Ideological Origins of Political Struggles*, Basic Books, New York, 2002, cap. 2.

Na verdade, podemos distinguir duas tradições antagónicas de interesse próprio: a aristotélica-tomista, em que o interesse próprio é entendido como amor racional e virtuoso por si mesmo (permitindo uma relação de gratuitidade com o outro); e aquela que remonta talvez a S. Agostinho, alimenta o jansenismo e caracteriza La Rochefoucauld, Mandeville e Hobbes, marcada pelo pessimismo antropológico. Adam Smith representará um ponto intermédio entre o inelutável egoísmo hobbesiano e o realismo moral clássico.

eficiente de recursos escassos disponíveis. Seria exequível ajudar altruisticamente um número limitado de pessoas conhecidas sem recurso ao mercado – p.e. ao nível familiar, ou a um pequeno grupo identificável. Mas não parece possível expandir a 'lógica do dom' ao nível da sociedade em geral, desprezando o mercado e o interesse próprio[15]. Tanto quanto sei, foi o princípio da gratuitidade – desorbitado – que levou à falência a primitiva comunidade cristã de Jerusalém. Paralelamente, sem algum mecanismo capaz de ponderar valores e preferências aparentemente incomensuráveis seria impossível o cálculo económico, garantir que os benefícios de uma actividade económica excedem os respectivos custos e hierarquizar alternativas: não só consumir ou produzir, como poupar ou doar. Também porque, em qualquer caso, existem sempre custos de oportunidade: o dom – em tempo, dinheiro, energias – que se faz a alguém deixa de se poder dedicar a outrem: 'não há jantares grátis'! Por último, a caridade exige fundos gerados no mercado: o sector privado da economia é o principal criador de riqueza da sociedade e a fonte dos recursos utilizados na economia social (ou no sector público).

Ética e caridade

O mercado de concorrência perfeita – esterilizado de todas as impurezas e superadas todas as limitações – não existe na realidade. Tem as suas famosas 'falhas': é incompleto, não é perfeitamente competitivo, padece de assimetrias de informação... Por outro lado, nem sempre – para o bem e para o mal – as pessoas adoptam comportamentos económicos por motivos económicos, mas sobrevalorizam experiências recentes e narrativas históricas dominantes que escapam à hipótese de racionalidade[16]. Também por isso há bolhas especulativas e 'efeitos de rebanho'. Em particular, a teoria económica dominante teria ignorado os 'espíritos animais' dos empresários. Note-se,

---

[15] Ver J. Meadowcroft, "Altruism, Self-Interest, and the Morality of the Private Sector: An Austrian Approach", *Journal of Markets & Morality*, Vol. 10, 2 (Fall 2007), pp. 357-373.
[16] Ver G. Akerlof and R. Shiller, "How 'animal spirits' destabilize economies", *The Mckinsey Quarterly*, 2009 vol. 3, pp. 127-135. Ver também R. Shiller, "A failure to control animal spirits", *Financial Times – The Future of Capitalism*, May 12 2009, p. 14.

aliás, que a prevalência desse magnetismo animal – denotativa de que as decisões empresariais não são tanto analíticas quanto intuitivas e impetuosas – não é sempre negativa. Nas condições de incerteza do mundo real, nenhum daqueles investimentos (de valor gigantesco e de prazo longo) que transformam a economia seria empreendido com base na análise (racional, mas inexoravelmente precária) de projectos e investimento, tal como é ensinada nas escolas. Eles são apenas possíveis como irrupção aventureira dos 'espíritos animais'. Todavia, os empresários são também imperfeitos, tal como os gestores. Tal como os consumidores. Também a economia não é essencialmente estável, mas amiúde sacudida por vagas de destruição criadora. A ideia de que 'desta vez é diferente' é ilusória, erro de perspectiva[17]. Por fim, os bens e serviços financeiros são 'especiais': o mercado funciona melhor quando as pessoas sabem e compreendem o que compram, quando existe algum equilíbrio de informação entre a oferta e a procura.

Venha, então, o Estado e o Governo mundial? Contudo, os políticos também têm 'espíritos animais'. Burocratas e reguladores são também imperfeitos. Daí a vantagem dos arranjos institucionais descentralizados, graduais e abertos, tecidos de liberdade, freios e contrapesos. Porque não podemos subestimar nem o efeito corruptor da opulência nem o do poder excessivo. Enfim, a fábrica do mundo não é perfeita, não é suficiente. Não basta um sistema 'técnico' – político e económico – mais eficaz e prudente. Não chegam estruturas e instituições sábias. É preciso melhorar a qualidade moral do capitalismo democrático. É verdade que não podemos esperar erradicar a cupidez e a soberba humana da face da terra, mas podemos tomar consciência, pelo menos, de que – se queremos preservar a liberdade – a solução que sobra é procurar minimizá-las, pela virtude pessoal. A crise financeira que ainda testemunhamos terá resultado, precisamente, do nosso fracasso em reconhecer o alcance da intercomunicabilidade humana e a extensão do 'multiplicador de confiança'[18] – do 'multiplicador ético' –, da nossa falha em perceber que o talento e virtudes

---

[17] Ver C. M. Reinhart and K. S. Rogoff, *This time is different: eight centuries of financial folly*, Princeton University Press, 2009.
[18] Ver Akerlof and Shiller, *op. cit.*

de cada um (na medida em que geram ou minam a confiança moral) afectam o risco sistémico essencial, afectam a inteira comunidade de que fazemos parte.

Suponho, contudo, que Bento XVI quer dizer algo mais: não é só que o mercado carece de ser confortado por um ideal de perfeição humana que pode ser descoberto pela razão e pela linguagem moral; também que a 'ética', sem Deus (e, portanto, desligada da verdade sobre o homem) não basta. A 'razão despojada' (conquanto nobre), as Luzes, o progresso e a ciência esbarram impotentes no problema do mal, no 'mistério da iniquidade'. A proposta do Papa funda-se na visão bíblica do homem criado «à imagem de Deus» – dado do qual deriva a dignidade inviolável da pessoa humana e o valor transcendente da lei natural[19] – e depois caído e cadente. O homem precisa de ser salvo, redimido por um Deus que venha ao nosso encontro. O humano, sozinho, não é suficiente. Nem sequer o amor humano. O amor-próprio natural, bem como o amor natural pelos outros, tendem para a corrupção. Necessitamos de um Amor maior, não para substituir aqueles, mas para os plenificar e escorar. A conversão pessoal tem também um valor social. "Se o coração do homem não for bom, então nada mais se pode tornar bom. E a bondade do coração só pode vir d'Aquele que em Si mesmo é a Bondade, o Bem"[20]. Entretanto, o Seu reino «não é deste mundo». Na cidade dos homens – campo de joio e trigo, de barro e espírito – os ordenamentos políticos e sociais estão justamente entregues à liberdade humana e sujeitos à caducidade e imperfeição, no seu discernimento tentativo e penoso do direito e do bem. Em qualquer caso, ressoa o anúncio cristão, dirigido "a todos os homens de boa vontade": "a caridade na verdade, que Jesus Cristo testemunhou com a sua vida terrena e sobretudo com a sua morte e ressurreição, é a força propulsora principal para o verdadeiro desenvolvimento de cada pessoa e da humanidade inteira"[21].

Fevereiro de 2010

---

[19] Cf. CV nº 45.
[20] Cf. J. Ratzinguer, *Jesus de Nazaré*, A Esfera dos Livros, Lisboa, 2007, p. 65.
[21] Cf. CV nº 1.

Justiça e Democracia – Entre a 'tirania da maioria' e a 'usurpação judicial'

> *"Afastada a justiça, o que são os reinos senão grandes quadrilhas de malfeitores? E as próprias quadrilhas de malfeitores o que são, senão pequenos reinos?"*
>
> Agostinho de Hipona, *A cidade de Deus*

> *"Sendo as virtudes primeiras da actividade humana, a verdade e a justiça não podem ser objecto de qualquer compromisso".*
>
> John Rawls, *Uma Teoria da Justiça*

Em Maio de 2008, o Supremo Tribunal da Califórnia decidiu que a proibição do casamento entre pessoas do mesmo sexo violava a Constituição do Estado. Pouco depois – em Novembro, no mesmo dia em que Obama foi eleito – o povo da Califórnia aprovou em referendo (contra Hollywood e Sillicon Valley, contra a Google e o New York Times...) uma emenda constitucional que fixava a definição do casamento como união entre um homem e uma mulher (tal como aconteceu na maioria dos Estados americanos). Em Janeiro de 2010, começou o julgamento do caso *Perry v. Schwarzenegger* perante o mesmo Supremo Tribunal: contra o Estado da Califórnia, activistas *gay* alegam que aquela emenda constitucional estadual – e a vontade da maioria – lesam 'direitos fundamentais' e ferem o princípio da igualdade constante da Constituição federal. Qualquer que seja o desfecho deste processo, é muito provável que termine apenas no Supremo Tribunal dos EUA.

Vale a pena recuar um pouco no tempo. Em 1857, no caso *Dred Scott v. Sanford*, o Supremo Tribunal dos Estados Unidos declarou que todos os negros – escravos ou livres – não eram nem podiam vir a ser cidadãos americanos (e, na prática, seres humanos). O tribunal declarou ainda inconstitucional a legislação que ilegalizava a escravatura em alguns Estados, nos termos da *Northwest Ordinance* de 1787 (acto do Congresso da Confederação) e do *Missouri Compromise* de 1820. De acordo com o *Chief Justice* Roger B. Taney, essas leis violavam um 'direito fundamental': o direito constitucional de propriedade. Mais tarde, no processo *Lochner v. New York* (1905) e em outros da mesma época (até 1937), o Supremo invalidou diversa legislação laboral e social – que estabelecia limites máximos de horas de trabalho e fixava salários mínimos – em nome da liberdade contratual. O Tribunal descobrira aí agressões a um 'direito fundamental', protegido implicitamente na Cláusula do Processo Legal Justo da 14ª Emenda, e em concreto na exigência de um 'processo substancialmente justo' (*substantive due process*). Esta orientação jurisprudencial levou F. D. Roosevelt, irritado, a proceder à alteração do número de juízes do Supremo e à nomeação sistemática de magistrados que não impedissem a agenda legislativa socializante. Posteriormente, no caso *Roe v. Wade* (1973), o mesmo Tribunal considerou que o aborto era um 'direito fundamental', anulando as restrições legais a essa prática. Implicitamente, considerou que os nascituros não tinham direito à vida. Como base para essa decisão, o Tribunal descortinara um direito constitucional à privacidade, emanando do princípio do 'processo substancialmente justo' – a mesma doutrina jurisprudencial que fabricara o direito constitucional à conservação de escravos em 1857 e o direito constitucional à exploração dos trabalhadores na 'era Lochner'. Contudo, se fosse outra a 'leitura moral' da Constituição, para utilizar a expressão de Ronald Dworkin[1], os direitos fundamentais lobrigados seriam certamente diversos.

---

[1] Cf. Ronald Dworkin, em *Freedom's Law: The Moral Reading of the American Constitution*, 1996.

Direito e democracia

Referindo-se ao caso *Dred Scott*, em momentos diferentes, Abraham Lincoln tocou nos pontos cruciais suscitados pela breve incursão acima ensaiada. Por um lado, o da democracia: "...se a política do governo em matérias vitais que afectam todo o povo vier a ser irrevogavelmente determinada por decisões do supremo tribunal (...) terá o povo cessado de ser governante de si próprio, tendo nessa medida entregue o seu governo, na prática, nas mãos desse eminente tribunal"[2]. Por outro lado, o da justiça substancial (a bondade ou maldade moral da escravatura ou do aborto): "...[os autores da Declaração de Independência] definiram com razoável clareza em que domínios consideraram todos os homens como seres iguais – iguais em «certos direitos inalienáveis, entre os quais a vida, a liberdade e a procura da felicidade». Foi isto que disseram e foi isto que quiseram dizer. Não quiseram afirmar a óbvia não verdade de que, naquela altura, todos estavam a gozar efectivamente de igualdade, ou que estavam prestes a conceder-lha (...). Pretenderam, tão-só, declarar o justo, de modo que a sua eficácia pudesse sobreviver logo que as circunstâncias o permitissem. Pretenderam estabelecer um padrão máximo para a sociedade livre, que havia de ser por todos conhecido e por todos honrado..."[3]. Sublinho, "pretenderam declarar o justo": um princípio objectivo de justiça, não meramente convencional ou historicamente contingente, capaz de julgar o direito positivado pela acção legislativa ou judicial. Para tal, apelaram a um 'direito natural' – invocando as "leis da natureza" e o "Deus da natureza", combinando ingredientes clássicos e modernos – que constituiria esse padrão de justiça transcendente e independente do ideal social histórico.

Provavelmente, a nação americana – tal como as europeias – já não "acarinha a fé na qual foi concebida e criada", nem reconhece a auto-

---

[2] Cf. Abraham Lincoln, "First Inaugural Address", 4 de Março de 1861 (citado por Robert P. George, *Choque de Ortodoxias. Direito, Religião e Moral em Crise*, Tenacitas, 2008, p. 168).

[3] Cf. Abraham Lincoln, "Speech at Springfield", 26 de Junho de 1857 (citado por R. P. George, *op. cit.*, pp. 172-173).

DEMOCRACIA LIBERAL – A POLÍTICA, O JUSTO E O BEM

evidência dessas verdades, como suspeitava Leo Strauss em 1953[4]. De qualquer modo, o senso comum rebela-se uma e outra vez, teimosamente, contra a ideia de que é arbitrária a distinção entre bem e mal, entre certo e errado, dependendo da convenção, das preferências de cada um ou da opinião da maioria. Mesmo o *lobby gay* clama que os 'direitos fundamentais' não se referendam; e não podemos excluir que esse brado seja sincero, mesmo discordando sobre o entendimento do que sejam esses direitos. Todavia, o discurso (ou a gritaria) sobre os 'direitos fundamentais' pode também conduzir à debilitação e diluição da sua 'fundamentalidade' substancial – que não é infinitamente elástica – e à consagração legal de meros interesses ou desejos subjectivos imputáveis a certos grupos de indivíduos (ou mesmo de animais e plantas...) e até de verdadeiros 'não-direitos'[5].

Assim, poderemos talvez recapitular as preocupações de Lincoln em torno de três (inter-comunicantes) questões decisivas. Primeiro, como podemos fundamentar os valores essenciais, que não estão sujeitos ao jogo da maioria e minoria? Qual o esteio da inviolabilidade de alguns direitos e da inadmissibilidade de determinadas leis? Qual o fundamento dos limites do poder (legislativo, executivo ou judicial)? Segundo, como identificar esses direitos inalienáveis e anteriores ao direito positivo? Por último, quem estabelece esses 'direitos fundamentais'? Considerar a tradição como chave-mestra destas portas não é aceitável. Embora credora de uma presunção favorável, a tradição merece propriamente uma deferência crítica – como ponto de partida – e não é critério infalível: há diversos e contraditórios 'costumes ancestrais' (como a escravatura na América, aquando do caso *Dred Scott*) carentes de purificação ou porventura rejeição, por efeito da razão.

O fundamento dos direitos. Natureza e política.
Michael Ignatieff, entre outros, propõe uma fundamentação estritamente 'política' dos direitos, independente – tanto quanto possível –

---

[4] Cf. Leo Strauss, *Direito Natural e História*, Edições 70, 2009, p. 3.
[5] É o caso dos mencionados direitos ao aborto ou à escravatura. Ver Paulo Otero, *Instituições Políticas e Constitucionais I*, Almedina, 2007, pp. 527-534.

de pressupostos metafísicos ou religiosos e de pretensões de verdade: embora não fôssemos capazes de concordar sobre a razão por que temos direitos, poderíamos concordar intuitivamente quanto à sua utilidade para nós. É pois uma fundamentação formal, assente na esperança de que a necessidade dos direitos será consensualmente reconhecida, como o seria em condições ideais de deliberação ou numa posição de igualdade primeva (como em Habermas e Rawls). Essa justificação 'política' forneceria uma "base prudencial para acreditar na protecção dos direitos humanos (...) muito mais segura" que a providenciada por controversas e incertas teses sobre a natureza do homem, incapazes de oferecer um chão comum. De resto, a fundamentação filosófica consistiria numa "idolatria dos direitos humanos" – contraposta à "política dos direitos humanos" – e num "imperialismo moral"[6].

A abordagem de Ignatieff (embora seja também um exemplo de "imperialismo moral") é coerente com o carácter essencialmente pluralista das sociedades seculares modernas – que sugere a conveniência de fundamentos mínimos para conseguir consensos máximos – e não pode ser inteiramente arredada, mas é insuficiente[7]. A inerrância da 'vontade geral' na intuição dos benefícios dos direitos humanos – como fundamento desses direitos – é claramente mitológica: a democracia não produz necessariamente o direito ou a verdade; a maioria nem sempre tem razão. Mesmo que derive de um "*overlapping consensus*"... Como lembrou Popper e a experiência corrobora, a democracia não se segura sequer a si própria: é paradoxal e capaz de se autosuprimir. Todavia, ela é passível – e precisa até, para ser fiel a si mesma – de uma 'leitura moral'. A democracia não deriva da convicção de que a verdade não existe ou que é irrelevante e mesmo perigosa, como em Kelsen ou Richard Rorty (convicção que se exceptua a si própria do veredicto relativista e que caberia impor aos outros): a democracia

---

[6] Cf. Michael Ignatieff, *Human Rights as Politics and Idolatry*, Princeton University Press, 2001, p. 55. Na mesma linha, ver também Joseph Raz, *Human Rights Without Foundations*, Oxford Legal Studies, Research Paper No. 14/2007.

[7] Ver Martin Rhonheimer, "Christian Secularity and the Culture of Human Rights", Symposium *A Growing Gap – Living and Forgotten Christian Roots in Europe and the Unites States*, 2006, pp. 5-6.

– mesmo na sua concepção deliberativa e formal – é antes a fórmula de governo mais adequada à verdade da igual dignidade da pessoa humana e da sua autonomia. A democracia não procede sequer do carácter problemático do acesso à verdade – ou da própria aplicação do conceito de verdade – em complicadas questões morais e políticas: ao contrário, deriva da verdade de que a dignidade humana exclui que possa prescindir-se da livre participação dos cidadãos em tão relevante demanda[8]. O mesmo se pode dizer da 'disposição democrática' – a concordância sem acordo, como dizia Julián Marías, o respeito pela legalidade, o reconhecimento da legitimidade parcial dos argumentos dos outros, a busca de uma solução aceitável para todos... – que procede de categorias que não são, eles próprias, meramente 'políticas', mas firmadas naquela mesma sólida convicção moral. Esse princípio substantivo subjacente à democracia, esse padrão de justiça independente e superior ao direito positivo, não pode ser senão a dignidade intrínseca, 'natural', do ser humano e, portanto, de todas as pessoas[9]. É por isso que o poder da lei positiva para criar ou reforçar obrigações morais depende não só da autoridade constitucional do órgão que pretende promulgá-la, como também da justiça material – da 'razoabilidade' – da lei[10]: o direito positivo só é legítimo e vinculante para a consciência quando é 'justo', quando respeita os direitos naturais das pessoas.

Quais Direitos? 'Razão Pública' e 'Recta Razão'

A leitura moral da democracia – livre do relativismo e do positivismo ético – não garante, contudo, o respeito pela dignidade humana ou

---

[8] Ver Andrés Ollero, "La neutralidad engañosa", em *Aceprensa*, nº 116/07.

[9] Não presumo, evidentemente, que esta afirmação tão rotunda não seja amplamente contestada, de Jeremy Bentham a Peter Singer (não por acaso, ambos defensores estrénuos dos direitos dos animais). Existem, também, como vimos acima, perspectivas críticas da fundamentação natural dos direitos, relacionadas com razões de ordem prática e 'política', que são compatíveis com a especial dignidade humana. O que sugiro é que – se queremos "levar os direitos a sério" – precisamos de um ponto de Arquimedes, como dizia Rawls; e que o mais firme e convincente ponto de apoio para alavancar os direitos fundamentais dos seres humanos é ainda a sua 'humanidade'.

[10] Ver Robert P. George, *op. cit.*, pp. 193-197.

pelo direito natural, mesmo que discorra em seu nome. Afinal, o juiz Taney fundamentou o seu acórdão na suposta inferioridade natural da raça negra. Enfrentamos agora a segunda questão acima enunciada: como identificar esses direitos primordiais, superiores ao direito positivo, que protegem a dignidade do ser humano? Por exemplo, para Dworkin – numa perspectiva 'liberal' radical (e assaz dogmática) –, os vários direitos individuais derivam de um direito geral abstracto à igualdade, implicando "igual consideração e respeito" por parte do Estado. Daí deduz o direito ao aborto, à eutanásia e ao 'casamento' entre pessoas do mesmo sexo. Ao contrário, os representantes do 'novo direito natural' – como Robert George e John Finnis –, partindo da identificação dos bens humanos básicos e da sua inteligibilidade prática, reprovam o aborto, a eutanásia e aquele 'casamento': o Estado estaria certamente obrigado a mostrar igual respeito por todas as pessoas, enquanto pessoas, mas não por todos os seus actos e escolhas, precisamente porque as respeitam. Ambos os lados pretendem "levar os direitos a sério"[11] e afirmar uma ideia de igual dignidade humana. Contudo, chegam a conclusões opostas em questões de vida ou de morte. De algum modo, representam dois princípios rivais de legitimidade (com graduações, variantes e inter-penetrações) na especificação dos direitos fundamentais: um princípio 'liberal', que gravita em torno do critério da reciprocidade entre indivíduos livres e iguais; e um princípio 'perfeccionista', assente no que é justo por natureza. O primeiro recorre à 'razão pública' e à razoabilidade política; o segundo invoca a 'recta razão', o bem que a razão prática naturalmente apetece como tal.

Será possível oferecer argumentos morais de direito natural e simultaneamente de razão pública – i.e., susceptíveis de serem entendidos como razoáveis por todas as pessoas razoáveis (mesmo que não concordem com eles), em matéria politicamente relevante – capazes de descobrir aqueles direitos e justificar a coerção legal? O facto do pluralismo e conflito moral não é problemático, em termos filosóficos: "a percepção da variedade de ideias de direito constitui o maior dos

---

[11] Conforme expressão de Ronald Dworkin, *Taking Rights Seriously*, 1977.

incentivos para a procura do que é naturalmente justo"[12]. Abdicar da procura do justo equivaleria a admitir que "qualquer preferência, por má, vil ou insana que seja, tem de ser julgada pelo tribunal da razão como sendo tão legítima como qualquer outra"[13]. Mas, do ponto de vista político, o dissenso moral sugere que, politicamente, "a democracia tem prioridade sobre a filosofia" ou que o 'processo justo' tem primazia sobre o 'bem'. Nesta questão, Rorty e Rawls terão marcado um ponto (embora a democracia também tenha prioridade sobre as suas próprias filosofias...), mas não resolveram o problema. Por um lado, não é possível fundar uma comunidade política sem uma concepção particular de bem, ainda que débil, e sem uma ideia mínima de bem comum[14]. A demarcação dos direitos pressupõe sempre uma noção moral sobre o *quid* humano, sobre o que é devido à pessoa para que ela se 'cumpra'[15]. Se não fosse assim, o espaço público seria um lugar vazio. Por outro lado, não se podem excluir da razão pública, por princípio, certas afirmações básicas sobre a natureza da sociedade e, portanto, sobre o que 'naturalmente' faz com que os seres humanos sejam seres sociais.

O problema de certas formas de liberalismo contemporâneo, de tipo construtivista – como o de Rawls ou Dworkin – é a sua abstracção do que são os homens no 'estado de natureza', do que eles são na realidade antes de serem cidadãos. A inviolabilidade da vida humana desde o seu início, a dignidade igual de todas as pessoas ou a união conjugal entre homem e mulher e a família nela fundada são exemplo daqueles valores 'políticos' decorrentes de fundamentos naturais ou pré-políticos, que não podem ser razoavelmente escondidos sob

---

[12] Cf. Leo Strauss, *op. cit.*, p. 12.

[13] Cf. Leo Strauss, *op. cit.*, p. 39 (a propósito do ponto de vista de Weber).

[14] Paralelamente, deve dizer-se que a política não trata, efectivamente, das questões derradeiras ou das mais elevadas e sublimes que conferem sentido e plenitude à vida das pessoas. Sobre isso há necessariamente um pluralismo razoável. Há uma distinção real entre a esfera privada dos bens últimos e a esfera pública dos bens políticos (protegidos pelo poder coercivo do Estado). O domínio da política não é totalizante; é instrumental e 'menor': visa a paz social e a segurança, a convivência e cooperação social, um módico de justiça e um máximo de liberdade.

[15] Ver John Finnis, *Natural Law and Natural Rights*, Clarendon Law Series, pp. 219-220.

um qualquer véu de ignorância. Esses valores podem ser controversos mas não podem ser marginalizados numa razoável concepção política de justiça[16], uma vez que politicamente relevantes e justificados por argumentos políticos. De resto, fazendo referência a algo universal – a comum natureza humana e a luz natural da razão – e portanto transversal a diferentes tradições religiosas e sapienciais, as razões de direito natural constituem uma base cognitiva viável ou, pelo menos verosímil, para a especificação dos direitos[17]. Todavia, como não há guardiões politicamente legítimos, quer da razoabilidade, quer da racionalidade, teremos sempre de regressar ao consenso realmente existente na sociedade como derradeiro padrão político na densificação material dos direitos. Em todo o caso, convém reter que se prescindirmos da razão no processo de descoberta da justiça, banindo do espaço público a referência à verdade, restará apenas a vontade arbitrária e o poder bruto.

Quem define os direitos?

Tudo isto imbrica com a terceira questão. A 'verdade' da lei natural não depende da sua aceitação pública, mas o seu reconhecimento como razão politicamente relevante sim. A justiça 'objectiva' só adquire legitimidade política através do processo político justo. *Auctoritas, non veritas, facit legem*, reza o famoso *dictum* de Hobbes, exprimindo a primazia institucional, legal e prática do político sobre a metafísica[18]. A lei natural – ou qualquer outro princípio último de justiça – para ser eficaz tem de ser socialmente ratificada e juridicamente validada: tem de ser legitimamente positivada. Sendo assim, qual a instância dessa positivação? A resposta curta é que essa competência – numa democracia representativa – pertence ao poder legislativo, sobretudo em

---

[16] Ver M. Rhonheimer, "The Political Ethos of Constitutional Democracy and the Place of Natural Law in Public Reason: Rawls's «Political Liberalism» Revisited" (Notre Dame Law School, Natural Law Lecture 2005), *The American Journal of Jurisprudence*, 50, 2005, p. 43.

[17] Ver M. Rhonheimer (2005), *passim.*

[18] Ver M. Rhonheimer (2006), p. 6. A solução de Hobbes – submergir inteiramente a verdade e a justiça na factualidade da lei positiva – não é contudo aceitável, pelo que já foi dito.

função constituinte. Entretanto, o constitucionalismo liberal – consciente dos riscos de abuso de poder ou de 'tirania da maioria' – gerou um sistema de separação e concorrência de poderes independentes, de pluralismo, mediação e representação, de freios e contrapesos. Por um lado, trata-se de limitar o poder coercivo e preservar as liberdades: a 'dos antigos' e a 'dos modernos'. Por outro lado, pretende-se favorecer a deliberação racional, conceder espaço, tempo e ambiente para o exercício da prudência reflectida, para o debate e crítica, e para a sensatez. Entre aqueles recursos liberais, avulta o controlo judicial de constitucionalidade – para garantir que os 'direitos fundamentais' não fiquem à mercê de maiorias flutuantes – que tem assumido ultimamente especial relevo.

A expansão da soberania dos tribunais foi propiciada pelo que poderíamos chamar a 'crise da lei'. A lei ordinária perdeu dignidade e prestígio, durabilidade e clareza. Foi depreciada pela inflação legiferante, pela eficácia directa e ampliada da Constituição, pela multiplicação de instâncias legislativas sobrepostas e concorrentes, enfim pelo caos normativo. O papel institucional dos juízes foi ainda potenciado pelo enfraquecimento do Estado e multipolarização do poder, pela crise da representação e pela crescente conflitualidade das sociedades modernas, que acabam por conferir aos tribunais maior protagonismo na arbitragem e regulação política e social. Por fim, o reforço da tutela judicial decorre da 'auréola' do conceito de dignidade humana – o seu carácter nebuloso e *sfumato* – carente de revelação, concretização e actualização[19]. Daí a necessidade de reequacionar a irresponsabilidade judicial – e, ao contrário, a legitimação política dos tribunais (sem beliscar a sua independência) –, como foi recentemente notado[20]. Não sei se é fácil separar a revalorização da função judicial – a dimensão criativa da jurisprudência e a sua justa autonomia – da arbitrariedade, 'activismo' e abuso. Em qualquer caso, parece difícil de aceitar que os tribunais substituam o juízo dos representantes do povo pelas suas convicções pessoais, impondo aos outros os seus próprios valores (ainda que 'verdadeiros'); ou que os magistrados forcem

[19] Ver Paulo Otero, *op. cit.*, pp. 559-560.
[20] Ver Paulo Rangel, *O estado do estado*, Dom Quixote, 2009, Parte II.

a leitura moral das Constituições para nelas descobrirem as políticas ou posições morais de que são adeptos, invocando uma lei natural – ou qualquer outro princípio filosófico de direito – superior à lei escrita, sem fundamento no texto constitucional, na sua estrutura e lógica ou na sua interpretação histórica[21].

Essa usurpação judicial do poder legislativo – que julgo ocorrer nos EUA e tender a acontecer na Europa – frustra o auto-governo, afecta a legitimidade de um regime e constituiria um novo despotismo ilustrado. De resto, os juízes não têm um acesso privilegiado – que outros não tenham – aos fundamentos do direito, como a discrepância de juízos demonstra. O mesmo se aplica à jurisdição internacional, que não garante necessariamente melhor (ou pior) a tutela da dignidade humana, por ser potencialmente tão arbitrária e ideológica como a jurisdição interna[22]. Nem sequer os juízes internacionais são anjos, para evocar outra vez a metáfora de James Madison. É verdade que o 'despotismo democrático' é particularmente pernicioso, ora aneste-siante ora brutal. Mesmo assim, a prevalência do poder legislativo, em última análise – p.e., por via da revisão ou emenda da Constituição – é o meio menos mau para evitar o pior: o império injusto de uma minoria 'iluminada', contra as convicções da maioria das pessoas, sem garantia de maior razoabilidade. Entretanto, nada garante absoluta-mente que a Constituição não seja iníqua, ou que a legislação ordiná-ria não seja injusta, ou que os tribunais não julguem perversamente. Essa injustiça pode decorrer de convenções não razoáveis embora 'politicamente legítimas'[23] (como aconteceu outrora no caso da escra-vatura e ocorre agora no caso do aborto). Tudo dependerá da rectidão

---

[21] Ver R. P. George, *op. cit.*, caps. 7 a 10, *passim*.

[22] Aliás, as cartas de direitos não ganham maior justiça por serem internacionais. O direito internacional não vem directamente do Céu, nem expressa mais seguramente o justo por natureza. Note-se o processo sinuoso, opaco e até tortuoso que marca frequen-temente a positivação do direito internacional – e a pressão recente para que consagre 'não-direitos'.

[23] Contudo, só serão legítimas se não obrigarem os cidadãos a fazer o mal ou a colaborar nele, respeitando a objecção de consciência. Em caso contrário, esse regime – democrático ou não – seria uma tirania.

moral e virtudes intelectuais dos cidadãos, que são a matéria-prima da democracia.

O 'problema teológico-político'

Em retrospectiva, a questão principal é a seguinte: será que a dignidade da pessoa humana como fundamento material dos direitos pode ser sustentada pela razão e ser politicamente legítima e operacional? A "auto-evidência" dos direitos por remissão ao Criador – mencionada pelos autores da Declaração de Independência – já não está disponível. Pode o direito natural constituir uma 'gramática ética comum' – no que é politicamente relevante – prescindindo da referência ao Deus bíblico, da reverência à sacralidade da vida humana e à sua liberdade encarnada? Se dispensarmos a inteligência criadora, encobrindo o sentido e *logos* ínsitos na natureza, poder-se-á ainda fundar algum direito? Sem Deus, a lei 'natural' distinguir-se-ia da lei da selva? Noutros termos, será que a Segunda Tábua se aguenta de pé, sozinha, desamparada da Primeira? Ivan Karamazov sugeriu – embora não o tenha dito expressamente – que 'se Deus não existe, tudo é permitido'. Pelo menos, foi assim que Smerdiakov o entendeu[24]. Mesmo a solução pretensamente formal e 'política' de Ignatieff parece exigir que se postule a dignidade humana como *a priori* da ética, do direito e da política. O imperativo categórico, a 'justiça como equidade' de Rawls, o 'igual respeito' de Dworkin ou o 'juízo imparcial' de Adam Smith e Amartya Sen[25] sobreviveriam à morte de Deus? Suponho que Kant e Nietzsche diriam ambos que não, embora com sentimentos diversos. Será aquele postulado fruto de um decisionismo irracional? 'Nobre mentira' e ficção piedosa, ou realidade razoável e necessária? O 'problema teológico-político' é mesmo o problema fundamental da Cidade, nunca resolvido mas incontornável, como pensava Strauss?

Enfim, parece claro que a democracia não é nem pode ser absoluta: é um 'artefacto perfectível', o menos mau, que não esconjura a injustiça nem segura a liberdade. Mas tem que ser a maioria a reco-

---

[24] Cf. Fiodor Dostoiévski, *Os Irmãos Karamazov*, 1879.
[25] Ver Amartya Sen, *The Idea of Justice*, Harvard University Press, 2009, *passim*.

nhecer os seus limites, em *ultima ratio*. Também a razão não é absoluta ou auto-suficiente: a racionalidade asséptica e a-histórica é incapaz de demonstrar o que é razoável ou o que não é. Mas tem que ser a própria razão a descobrir isso. Ambas carecem de temperança, prudência e humildade. De resto, *in God we trust...*

Julho de 2010

"Eu Não!" – Resistência legítima e desobediência civil

"Etiamsi omnes, ego non."
Mateus 26, 33

Joachim Fest – escritor, jornalista e historiador alemão, mais conhecido entre nós pela sua monumental biografia de Hitler e pela narração dos últimos dias do terceiro *Reich* no *bunker* de Berlim (passado ao cinema em "A Queda") – publicou as suas memórias remotas pouco antes de morrer: *"Ich nicht"*. O título é retirado da passagem do evangelho de S. Mateus referida em epígrafe. Trata-se do protesto de S. Pedro ante a Paixão de Jesus, com o seguinte sentido: mesmo que todos os outros desertem ou te abandonem, 'eu não'. Fora adoptado como lema por Johannes Fest (pai do autor) expressando a sua recusa em colaborar com o nacional-socialismo e em inscrever-se no Partido Nazi[1], no meio da claudicação geral. Por isso, sofreu o saneamento no emprego, a penúria, a expulsão dos filhos do liceu, o ostracismo social e a solidão moral. Continuou a ser amigo dos seus amigos judeus – Meyer, Goldschmidt, Rosenthal... – arriscando vida e segurança. A sua mulher ainda tentou um 'compromisso', censurando veladamente a intransigência do marido, que sacrificava o bem da família

---

[1] O mesmo *motto* – na variante *Et si omnes, ego non* – figura no frontispício da casa da família de Philipp von Boeselager, um dos conjurados da 'operação Valquíria', com Stauffenberg, na tentativa de tiranicídio de Hitler em Julho de 1944.

no altar dos seus princípios e da sua boa consciência, quando 'toda a gente' – e muito 'boa gente' – se acomodava publicamente. (Alice More fez o mesmo com Thomas, quatro séculos antes...). Mas Johannes Fest não cedeu. A sua rejeição do nazismo não era apenas uma declaração de orgulho prussiano: era uma atitude moral, um grito de não-conformismo com o mal, de resistência à injustiça; significava fidelidade à sua consciência (e, mediatamente, à verdade e a Deus), mesmo contra a opinião da maioria.

De passagem, Joachim Fest reflecte sobre como foi possível – ali mesmo, na pátria de Goethe – a ocorrência brutal do fenómeno nazi. Testemunha o desmoronamento do mundo burguês, impotente e moralmente desarmado perante o nihilismo. Regista o carácter ilusório e perigoso do optimismo liberal, ingenuamente fiado em que a razão e a civilização acabam necessariamente por triunfar. Ao contrário, seria sempre preciso manter-se alerta face ao mal, que se apresenta disfarçado, insidioso, afável e até como uma espécie de deus. O mal resiste a todos os argumentos. E rebrota quando menos se espera...

Contra-corrente

Fest recomenda um saudável cepticismo relativamente ao 'espírito do tempo' e às ideologias radicais dominantes. A intolerância gregária é típica dos regimes totalitários, mas encontra-se também nas sociedades democráticas. Hoje o mundo tolera mal não tanto a dissidência teórica ou a heresia formal mas a oposição de alguns raros – em nome da integridade pessoal – àquilo que todos fazem por facilidade, pressão jornalística, cobardia ou *herd instinct*. O mundo não suporta este tipo de resistência, que parece censurar a má consciência e recordar incomodamente as exigências de uma razão recta. Na Europa e América do Norte, actualmente, os cristãos arriscam-se a ser discriminados e despedidos por se pronunciarem contra o casamento entre pessoas do mesmo sexo, recusarem colaborar na prática do aborto ou usarem um crucifixo, contra a ortodoxia secularista. Os cristãos são rotulados, escarnecidos e ultrajados nos *media*, pela mesma razão. "Na nossa época, o preço que deve ser pago pela fidelidade ao Evangelho já não é ser enforcado, afogado e esquartejado, mas muitas vezes significa ser apontado como irrelevante, ridicularizado ou motivo de paródia"[2]. Dinheiros públicos subsidiam manifestações artísticas que insultam os cristãos ou blasfemam o seu credo, em nome da sacrossanta (conquanto selectiva) liberdade de expressão. Entretanto, a celebração do Natal como nascimento de Jesus tornou-se politicamente incorrecta e mesmo ofensiva. Philip Jenkins descreve a intolerância e ódio contra os católicos, em particular, como uma modalidade de fanatismo que é consentida, bem-vinda ou incentivada em sectores 'liberais' dos EUA, que não a admitiriam contra mais ninguém. Não certamente contra o Islão, embora talvez por mero instinto de auto-preservação, por medo de ofender os muçulmanos e de atrair uma *fatwa*. Os cristãos contudo não acreditam na *jihad* ou no suicídio assassino[3]. O anti-catolicismo é mesmo o "último preconceito aceitável"[4]: é sempre possível produzir declarações públicas hostis e injuriosas sobre o catolicismo romano, sem medo de repercussões graves. Não há 'crimes de ódio' contra a Igreja Católica.

"King's good servant, but God's first"

Creio ter sido o constitucionalista judeu Joseph Weiler quem cunhou o termo 'cristofobia' para descrever este movimento, cujo fito é silenciar e devolver os cristãos às catacumbas e expulsar a sua Fé do espaço público. Não é apenas intimidação mediática, mas também acosso legislativo e perseguição judicial. Na Declaração de Manhattan[5], cristãos de várias confissões apontam os riscos que impendem actualmente sobre os direitos de consciência e liberdade de religião, expressão e profissão: legislação supostamente anti-discriminatória é usada como arma para forçar instituições religiosas, ONGs e empresas a aceitar (ou até facilitar) actividades e relacionamentos que conside-

---

[2] Cf. Bento XVI, *Vigília de Oração para a Beatificação do Cardeal Newman*, Londres, 2010.09.18.

[3] Ver Jeffrey T. Kuhner, "Christophobia – Anti-Christian bigotry is the last fashionable hatred", *The Washington Times*, April 2 2010.

[4] Ver Philip Jenkins, *The New Anti-Catholicism: The Last Acceptable Prejudice*, Oxford University Press, 2003.

[5] Cf. http://manhattandeclaration.org, reproduzida no número 41 da *Nova Cidadania*, Janeiro-Março de 2010.

ram imorais. Os cristãos são processados, multados, presos, obrigados a frequentar programas de reeducação, mormente por acusações de 'homofobia'[6].

É verdade que, quando e onde ocuparam posição social dominante, os cristãos nem sempre respeitaram a consciência alheia – dando um 'anti-testemunho' da sua Fé – como desejam que respeitem a sua. Dito isto, pode afirmar-se também que eles têm recebido as perseguições com razoável elegância. Claro que sempre houve *lapsi* a par dos muitos – homens e mulheres, velhos e crianças – que foram fiéis e disseram *ego non*. Mas em geral os cristãos não se queixam, não estão sempre a exigir desculpas, não ostentam o número dos seus mortos nem esgrimem listas de agravos históricos, não cultivam a auto-compaixão, nem a auto-complacência, não têm 'mentalidade de vítima'. Talvez, porque foram avisados com antecedência de que isto iria suceder (e teria que suceder)[7] e porque perceberam minimamente que a verdadeira Vítima é apenas uma. Todavia, são avessos a guetos e catacumbas e não têm especial entusiasmo pelo martírio (embora não desconheçam dever prestar esse supremo testemunho à verdade da fé, quando a isso intimados): cidadãos das duas cidades, gostam de viver neste mundo, enquanto esperam e preparam o outro. Mas, por vezes, têm mesmo de resistir e desobedecer aos ditames do século: «Julgai vós se é justo, diante de Deus, escutar-vos antes a vós do que a Deus; quanto a nós, não podemos deixar de falar do que vimos e ouvimos» (Act, 4, 20). Assim, "porque honramos a justiça e o bem comum, não obedeceremos a nenhuma lei que pretenda forçar as nossas instituições a participar em abortos, investigação destruidora de embriões, suicídio assistido, eutanásia ou qualquer acto contrário à vida; nem obedeceremos a qualquer regra que vise obrigar-nos a abençoar parcerias sexuais imorais, tratando-as como casamento ou equivalente, ou a proibir-nos

---

[6] Ver Janet L. Folger, *The Criminalization of Christianity*, Multnomah Publishers, Oregon, 2005.

[7] "Se o mundo vos odeia, sabei que primeiro me odiou a mim. Se fosseis do mundo, o mundo amar-vos-ia como ama o que é seu; mas, porque não sois do mundo, e porque eu vos escolhi do meio do mundo, por isso o mundo vos odeia. Recordai-vos daquilo que eu vos disse: 'O servo não é maior do que o seu senhor'. Se me perseguiram a mim, perseguir-vos-ão a vós também" (Jo 15, 18-20).

de proclamar a verdade, tal como a conhecemos, sobre a moralidade e a imoralidade, o casamento e a família. Daremos a César, inteiramente e sem reticências, o que é de César. Mas em nenhuma circunstância renderemos a César o que é de Deus"[8].

"Há sempre alguém que resiste, há sempre alguém que diz não"

Trata-se de enfrentar, objectar, resistir ou desobedecer ao poder ilegítimo ou ao seu exercício arbitrário ou não conforme ao Direito, mediante um acto geralmente não violento decidido em consciência, contrário à lei positiva, assumindo o risco das respectivas consequências penais. A ideia de resistência legítima, em sentido lato, tem uma longa história. Foi insinuada por Sófocles, no drama da rebeldia de Antígona – que sepulta Polinices por piedade familiar, contra o decreto de Creonte e contra a razão de Estado – invocando uma espécie de lei transcendente, anterior e superior à lei positiva. Está latente em Platão, Aristóteles e Cícero[9], quando sugerem que uma lei injusta não é verdadeira lei. Encontra uma explicitação e justificação mais clara no seio do pensamento cristão, que destaca a diferenciação e preeminência da pessoa face ao corpo social, em articulação com o direito natural clássico. Na alta Idade Média, o direito germânico e feudal fundado na concepção de *fidelitas* contratual recíproca entre rei e súbdito, suserano e vassalo, associa a legitimidade da resistência à violação do *pactum subjectionis* pelo soberano. Mais tarde, Marsílio de Pádua e Guilherme de Ockam voltaram a semear os conceitos de soberania popular, governo representativo e direitos subjectivos, deles derivando os limites da obediência devida ao príncipe[10]. O seu pensamento está envolto e contaminado por controvérsias político-eclesiásticas em redor do conflito entre Papado e Império e pela questão do conciliarismo (bem como por outras intrincadas questões metafísicas, de

---

[8] Cf. "Declaração de Manhattan".

[9] Cf., respectivamente, *As Leis*, IV, 715b; *Política*, IV, 4, 1292a, *De Legibus*, II, 11.

[10] Na realidade, essas ideias – associadas, de certo modo, ao conceito de *rule of law* – têm raízes medievais anteriores, nomeadamente no meio anglo-saxónico. Ver M. Rhonheimer, "The Political Ethos of Constitutional Democracy and the Place of Natural Law in Public Reason: Rawls's «Political Liberalism» Revisited", *The American Journal of Jurisprudence*, 50, 2005, p. 3 e secção 3.

DEMOCRACIA LIBERAL – A POLÍTICA, O JUSTO E O BEM

funesta herança na teologia e na filosofia). De qualquer modo, a doutrina tardo-medieval da resistência legítima – a ideia que o exercício do poder político não serve o próprio poder e os seus interesses mas visa o bem do povo – pode considerar-se uma das raízes da democracia constitucional moderna[11]. Já na Idade Moderna, nos teólogos da Escola de Salamanca e de Coimbra – nomeadamente, Juan de Mariana e Suárez – encontra-se uma formulação mais consistente do direito de resistência e da desobediência civil como *ultima ratio* política. Mais ainda: o homem poderia estar moralmente obrigado – e não apenas autorizado – a não prestar obediência a uma normativa político-jurídica injusta e contrária ao bem da pessoa humana e ao bem comum. A posição de Althusius não foi muito diferente: a soberania do Estado nunca é absoluta; se transgride a autoridade divinamente concedida, o seu poder torna-se ilegítimo.

Em contrapartida, o dever incondicional de obediência foi sublinhado numa outra e oposta corrente da tradição cristã, seguindo uma exegese unilateral de S. Paulo – "Estejam todos sujeitos às autoridades superiores, porque não existe autoridade que não venha de Deus, e as que existem foram instituídas por Deus. Por isso, quem resiste à autoridade, resiste à ordem de Deus"[12] – e de S. Pedro – "Sede submissos a toda autoridade humana, por amor do Senhor: quer ao rei, como a soberano, quer aos governadores, como enviados por Ele..."[13]. Essa interpretação enviesada corresponde a uma exaltação e sagração da autoridade civil como representante da potestade divina na terra. No catolicismo, isso verificou-se quando se esqueceu ou perverteu o original dualismo cristão entre as duas ordens institucionais, entre o domínio de César e o de Deus, nos termos da narrativa agostiniana: a distinção entre o papel do poder coercivo do Estado – visando a convivência pacífica dos cidadãos – e a função espiritual da Igreja – promover nos corações humanos a Cidade de Deus, i.e., a santidade e a salvação eterna. Quando as duas Cidades se confundiram ou incorporaram, a potestade secular adquiriu uma espécie de consagração

[11] Ver M. Rhonheimer, *ibidem*.
[12] Cf. Rm 13, 1-2.
[13] Cf. 1 Ped 2,13-14.

religiosa, investida primeiramente no Imperador, saltando depois para o Papa, e mais tarde reivindicada de novo pelos reis. Com a Reforma, essa tendência agravou-se. No luteranismo, a obediência absoluta à autoridade temporal favoreceu uma teoria política de carácter teocrático-absolutista, em que o príncipe figurava como lugar-tenente de Deus. No calvinismo – apesar da sua reputação 'não conformista' e de tendências liberais posteriores – o exemplo político do próprio fundador na sua teocracia genebrina foi bastante significativo: tirania, intolerância e repressão de qualquer dissidência.

Por outro lado, na sociedade secular moderna, a desobediência ou resistência parecem estar em contradição com o fundamento consensual do Estado de direito democrático e com a sua racionalidade política pactuada. Para aqueles que identificam o Direito com aquilo que é 'posto' ou emanado pelo Estado, deixa de haver lugar, obviamente, para a resistência legítima. Kant confere um carácter absoluto – derivado do imperativo categórico – à validade do direito positivo: a obrigação de obedecer (no sentido de "abster-se de resistir") é incondicional, mesmo em caso de tirania ou violação do contrato social. Algo semelhante ocorre quando se idealiza o Estado ou diviniza a 'vontade geral', como em Hegel ou Rousseau[14]. Contra estas posições, pode recordar-se que o facto de que um Parlamento tenha sido eleito democraticamente não o converte "numa fábrica de eticidade que cancela todo o debate ou dissensão"[15]. Pode ainda vincar-se que o direito exige alguma justiça e que a juridicidade não se esgota na segurança jurídica.

Razão de Estado e responsabilidade perante a consciência

É certo que a matéria requer uma certa prudência. Mesmo perante uma lei injusta haverá que ter em conta que a estabilidade do sistema legal é já um elemento positivo do bem comum, que se veria comprometido se todos condicionassem a sua obediência civil a escrúpulos pessoais. A injustiça da legislação não é, em geral, razão sufi-

[14] Juan Ugartemendia, "El Derecho de Resistencia y su 'Constitucionalización'", *Revista de Estudios Políticos*, 103, 1999, p. 226 e seguintes.

[15] Cf. Prieto Sanchís, "Un juicio para cada objeción", *Aceprensa*, 2008-jun-04.

DEMOCRACIA LIBERAL – A POLÍTICA, O JUSTO E O BEM

ciente para não aderir a ela (tal como a validade formal da lei não é razão suficiente para a aceitar). A resistência tem efeitos colaterais – o enfraquecimento e depreciação da lei – que é necessário ponderar. Quando a estrutura básica da sociedade é 'quase justa' e a autoridade democrática legitimamente constituída, devemos reconhecer as leis injustas como vinculativas, dentro de certos limites[16]. O problema está precisamente nessa delimitação. Não pode existir, evidentemente, um direito geral a exercer qualquer modalidade de objecção ou resistência de consciência. Por outro lado, o debate sobre as convicções em que se baseia a objecção é problemático, porque nas sociedades democráticas não há mecanismo capaz de valorizar a posição de consciência face à opinião da maioria. Assim, do ponto de vista do Estado, o peso da avaliação das diferentes objecções há-de recair – em termos politicamente legítimos – não sobre os seus motivos ou fundamentos mas sobre a natureza e alcance dos deveres legais objectados.

Por seu turno, o cidadão deverá agir de acordo com a sua consciência – arrostando as consequências –, sabendo contudo que só estando muito seguro de que enfrenta uma norma gravemente corrupta a desobediência será desculpável (ou obrigatória). Mas esses casos existem, como nos recordam de forma eloquente testemunhas como Thomas More, Gandhi ou Martin Luther King (salvas as devidas distâncias). Na 'Carta de uma Prisão de Birmingham', partindo de uma perspectiva explicitamente cristã – citando Agostinho de Hipona e Tomás de Aquino – Luther King lembrou que "as leis justas elevam e enobrecem os seres humanos porque estão radicadas na lei moral cuja fonte principal é o próprio Deus. Leis injustas degradam o ser humano. Na medida em que não podem reivindicar autoridade além da mera vontade humana, falta-lhes qualquer poder para obrigar a consciência. A disposição de Martin Luther King de ir para prisão, ao invés de obedecer à injustiça legal, foi exemplar e inspiradora"[17].

[16] Cf. J. Rawls, *A Theory of Justice*, nº 53 e seguintes.
[17] Cf. "Declaração de Manhattan".

"We shall never surrender"?

Originalmente, a frase *"Etiamsi omnes, ego non"* é uma bravata de Simão Pedro, uma promessa de resistência que ele não foi capaz de cumprir. Em *"Ich nicht"*, Fest encarna o exemplo de pessoas comuns que venceram o medo e resistiram ao poder maléfico por elementar sentido de decência, de que a maior parte das pessoas não foi capaz. Quando lemos a sua história, não podemos deixar de nos interrogar sobre como reagiríamos nós em circunstâncias semelhantes (ou como reagiremos, se elas se repetirem). Gostaríamos decerto de comportar-nos como o fez Johannes Fest, embora não possamos seguramente presumir que o faríamos. Isto coloca uma questão final: mais tarde ou mais cedo, é preciso resistir, bater-se e sofrer pela justiça e pela liberdade, desamparados do apoio da lei. "A preservação da liberdade exige (...) a coragem de participar na vida cívica e trazer para o debate público racional as mais profundas convicções e valores de cada um (...). A liberdade é sempre nova. É um desafio colocado a cada geração e deve ser incessantemente conquistada para a causa do bem"[18]. Ou seja, é preciso coragem para dizer *ego non*. É verdade que as instituições liberais que nos governam visam, entre outras coisas, a libertação do medo e do estado de necessidade face ao poder coercivo, *"sous le seul gouvernement de Dieu et des lois"* (segundo Tocqueville), dispensando o heroísmo. Mas Deus arriscou tudo no homem – quis deixar o homem "entregue à sua própria decisão"[19] – e as leis humanas, conquanto valiosas e indispensáveis, são falíveis e frustres. Em última análise, portanto, é verdade que "a liberdade consiste na coragem", como dizia Tucídides. E, ou me engano muito ou vamos mesmo precisar dela...

Outubro de 2010

---

[18] Cf. Bento XVI, *Discurso na Casa Branca*, Abril de 2008.
[19] Cf. Sir 15, 14.

"Yes, Minister!" – A Reforma da Administração Pública

> *"[Public management]...is a world of settled institutions designed to allow imperfect people to use flawed procedures to cope with insoluble problems."*
> James Q. Wilson, *Bureaucracy: what government agencies do and why they do it*

No Orçamento do Estado para 2011, o Governo anunciou uma redução inédita na remuneração dos funcionários públicos, forçada pela exigência impreterível de equilibrar as contas públicas. Por razões óbvias, essa redução de salários não é certamente animadora para os atingidos – porquanto afecta negativamente a chamada 'motivação extrínseca' – que vão resistir enquanto puderem, em nome dos seus 'direitos adquiridos'. A seguir virão os cortes das pensões[1]. A violência da austeridade que se espera serve, contudo, para salientar uma verdade básica, ainda que frequentemente esquecida: para se ser política e socialmente responsável é preciso ser economicamente eficiente. Não é condição suficiente mas é condição necessária. A gestão no sector público não depende apenas de factores internos, gestionários ou organizativos, mas está também sujeita, no limite, a restrições de

---

[1] Entretanto, o Orçamento do Estado para 2012 contemplou já esta medida, bem como novos cortes salariais.

viabilidade económica e liquidez (tal como acontece, aliás, no sector privado), bem como a condicionamentos de ordem política.

Reforma inadiável?

O bom desempenho da Administração tem uma importância crítica e de grande alcance – embora instrumental – para a convivência social e política. Por razões orçamentais: pelo seu impacto no rendimento disponível dos contribuintes e também na disponibilidade e custo do crédito para empresas e particulares. Por razões de competitividade: uma vez que a eventual ineficiência da administração impõe pesados custos de contexto sobre a actividade económica e sobre a vida profissional das pessoas. Por razões mais directamente ligadas ao bem comum dos cidadãos: uma vez que é através da Administração Pública que o Estado desempenha as suas funções essenciais, como as relativas à segurança e ordem pública, justiça e solidariedade entre os cidadãos.

Finalmente, por razões morais: porque uma Administração Pública sobredimensionada e tentacular pode sufocar os cidadãos e a sociedade. Nesse ambiente, as pessoas tendem a alienar e descarregar nesse Estado tutelar o fardo da responsabilidade individual, da autonomia e da prudência face ao porvir e ao contingente: um Estado paternal pode como que desvitalizar a sociedade; pode infantilizar os cidadãos e socavar as suas reservas de capacidade de iniciativa e de risco; pode contribuir para generalizar e cristalizar uma cultura de 'empregados', funcionários ou burocratas, no sentido caricatural dessas expressões. Ora o País precisa certamente de funcionários competentes. Mas o que país precisa mais, evidentemente, é de pessoas empreendedoras e de uma sociedade civil pujante.

Reforma interminável?

De resto, estas preocupações são partilhadas por muitos. Entretanto, é longa a sucessão de tentativas, dilações e fracassos da reforma da Administração Pública, remontando aos anos sessenta do século passado[2]. O penúltimo marco dessa história ocorreu em 2004, quando

---

[2] Ver Diogo Freitas do Amaral, *Curso de Direito Administrativo*, Vol. I, 2ª edição, Livraria Almedina, Coimbra, 1994. pp. 197 e seguintes. Ainda em 1994, tivemos outra tenta-

foram publicados vários diplomas legais respeitantes aos princípios e normas a que deveria obedecer a organização da Administração, a um novo regime de trabalho, a um novo estatuto do pessoal dirigente, aos institutos públicos, à avaliação de desempenho na Administração Pública, etc. Como sabemos, este programa (embora elaborado de forma séria e competente) não saiu do chão. Depois, o último episódio desta saga foi o PRACE, em 2006, anunciado como a mais radical transformação dos últimos trinta anos: visava conceber e implementar uma nova arquitectura da Administração do Estado. Nos três anos seguintes, no âmbito desta reforma, foram desenhadas novas macro e microestruturas e foram aprovados novos regimes de gestão e avaliação do desempenho, de vinculação, carreiras e remunerações, entre outras peças. O princípio orientador destas alterações foi a racionalização de custos, a procura de ganhos de eficiência e a progressiva aproximação das regras e métodos de funcionamento do sector público às que vigoram no sector privado. Contudo, os inspiradores destas reformas no papel (que têm muitos méritos) consideram que a execução deste Programa falhou ou, pelo menos, ficou gravemente truncado.[3]

Problemas insolúveis?

Na verdade, a gestão no sector público é uma matéria difícil para não dizer uma 'missão impossível'. Como proclama James Q. Wilson, citado em epígrafe, "a gestão no sector público... é um mundo de instituições concebidas de modo a permitir que pessoas imperfeitas usem procedimentos falíveis para lidar com problemas insolúveis".

---

tiva: *Renovar a Administração - Relatório da Comissão para a Qualidade e Racionalização da Administração Pública.*

[3] Entretanto, em Setembro de 2011, já na vigência do XIX Governo Constitucional, foi aprovado o Plano de Redução e Melhoria da Administração Central (PREMAC), visando novamente o reforço da eficiência da Administração Pública e melhor gestão dos seus recursos, através da extinção, fusão ou reestruturação de órgãos e serviços e da racionalização de efectivos e custos. O PREMAC contempla uma redução de organismos da Administração Central (entre Direcções-Gerais, institutos públicos, Direcções Regionais, entidades públicas empresariais, Inspecções Gerais, Secretarias-Gerais e outras estruturas) em cerca 40% e uma redução de cargos dirigentes da ordem dos 27%.

Concorrem várias razões para que seja assim. Em primeiro lugar, existem questões do foro epistemológico e metodológico, relacionadas com a natureza interdisciplinar e multidimensional da gestão do sector público. É preciso combinar ingredientes da teoria política, do direito administrativo e constitucional, da ciência económica e da sociologia, da teoria e prática do *management* e da psicologia organizacional, o que levanta naturalmente problemas analíticos e operacionais. Em segundo lugar, acrescem os problemas associados à definição da missão e lugar do Estado e do mercado – sabendo que coexistem falhas de um e de outro – e às suas interacções com a sociedade civil; às relações de 'agência' entre Estado, Governo e Administração Pública; à delimitação das fronteiras entre a órbita política e a esfera operacional; à distinção entre serviço público e sector público, etc.[4]

Em terceiro lugar, a Administração Pública lida com algo tão intangível e fugidio como o 'bem comum' ou o 'interesse público', que é ao mesmo tempo tão grave e delicado, porquanto envolve os direitos fundamentais da pessoa e o monopólio da violência legítima. A Administração Pública tem que gerir um sistema político e social, o que implica a compreensão do processo político e a colaboração com ele (tendo em conta que as motivações do pessoal político são diferentes das dos funcionários). A Administração defronta a pressão da opinião pública, que é elemento necessário do discurso político democrático. Precisa de ter em conta que o seu 'público-alvo' não é constituído apenas pelos beneficiários directos dos seus serviços, enquanto tais, mas também enquanto cidadãos, contribuintes e votantes. A Administração defronta a chamada 'tragédia das coisas comuns': aquilo que é de todos e não é de ninguém. Por fim, Administração enfrenta objectivos genéricos e ambíguos, mutantes, múltiplos, interdependentes e por vezes contraditórios – envolvendo complexos equilíbrios entre interesses e direitos rivais – e não dispõe de um critério ou sistema objectivo para monitorar, julgar e legitimar a quantidade e quali-

---

[4] Ver Julian Le Grand, *The Other Invisible Hand: Delivering Public Services through Choice and Competition*, Princeton University Press, New Jersey, 2007, Cap. 1.

dade da sua produção[5]. Em muitos casos, quer as suas actividades (os *outputs*) quer os seus resultados (os *outcomes*) são difíceis de definir, medir ou avaliar[6]. As actividades particulares de serviço público nem sempre podem ser isoladas horizontalmente (umas das outras) e verticalmente (da autoridade). Nem sempre será simples, ou sequer possível, separar a responsabilidade política da responsabilidade administrativa. Nem sempre serão claras as orientações formuladas na esfera política para posterior implementação no reino da Administração[7]. Além disso, a incomensurabilidade dos benefícios e custos da intervenção do Estado é devida também ao facto dessa intervenção afectar de modo imprevisível a livre interacção entre os indivíduos e gerar consequências não intencionais nem previstas.

Acresce a enorme pluralidade de serviços, de identidades organizacionais diferentes, que existem no seio do actual sector público: actividades que implicam o exercício de funções de soberania e a protecção dos direitos dos cidadãos, incluindo a provisão de bens públicos no seu sentido técnico mais estrito; actividades de prestação positiva de bens colectivos ou serviços públicos, de acordo com o que a sociedade entende ser de interesse público; e aquelas outras de conteúdo mais auxiliar, logístico ou instrumental.

---

[5] Ver Christopher Pollitt, *The Essential Public Manager*, Open University Press, McGraw-Hill House, Berkshire, 2003, p. 18, onde este autor apresenta uma síntese dos problemas específicos dos gestores públicos, de acordo com S. Ranson e J. Stewart em *Managing in the Public Domain: Enabling The Learning Society*, Macmillan, Basingstoke, 1994.

[6] Ver Gerry Stoker, "Gestão do Valor Público: a Administração Pública orientada pela missão?", em José Manuel Moreira, Carlos Jalali, e André Azevedo Alves, (Coord.), *Estado, Sociedade Civil e Administração Pública – Para um Novo Paradigma do Serviço Público*, Almedina, Coimbra, 2008.

[7] Daí a importância atribuída no movimento reformista ao redesenho organizativo: pretende-se evitar a confusão de responsabilidades e o 'magma administrativo', clarificar meios e objectivos e favorecer a adaptação dos *outputs* às necessidades a satisfazer. No entanto, o resultado deste esforço será sempre limitado: reorganizar sistemas de saúde, de justiça, de educação, segurança ou ambiente, com as suas exigências de responsabilidade político-pública e de interdependência institucional e sistémica é muito diferente – qualitativamente diferente – de gerir ou organizar unidades independentes como são as empresas privadas.

DEMOCRACIA LIBERAL – A POLÍTICA, O JUSTO E O BEM

Por fim, a gestão do sector público trata de compatibilizar três ordens de valores que nem sempre é fácil – ou sequer possível – conciliar[8]:

- Por um lado, os velhos valores do honorável servidor do bem comum e do interesse público, típicos do paradigma burocrático weberiano, como a imparcialidade sob a lei e prudência na sua aplicação, a equidade, o sentido da legalidade, o mérito e a integridade, com a ênfase consequente na lisura formal e processual.
- Por outro lado, os valores característicos dos movimentos reformistas dos anos 80 e 90 – e do 'paradigma empresarial' –, como a eficiência, eficácia, economia e flexibilidade, com insistência na fixação de objectivos e nos mecanismos de incentivo, medição e avaliação de resultados, e com abertura para soluções de quase--mercado que permitam competição e escolha.
- Por último, os renovados valores do serviço, responsabilidade, transparência e *accountability* face ao utente dos serviços e face aos contribuintes, recuperando a importância da justiça procedimental e da legitimidade (sem prejuízo da ponderação dos *outcomes*). Paralelamente, esta corrente enfatiza o *ethos* e especificidade do domínio público, a centralidade do processo político e dos mecanismos de governação – de discussão e deliberação pública – na construção do chamado 'valor público' e na sua prestação em parceria ou rede. [9]

Procedimentos falíveis?
A meu ver, nenhum dos três paradigmas conceptuais de gestão pública – correspondentes aos três cachos de valores acima referidos – pode

---

[8] Ver Pedro da Rosa Ferro, *A Motivação dos Funcionámos Públicos e a Reforma Administrativa: entre o Bem Comum e o Interesse Próprio*, Moinho Velho – Loja de Edição, Lisboa, 2010, Cap. IV.

[9] Uma proposta recente visando a combinação destes dois últimos modelos pode encontrar-se no *Open Public Services White Paper*, Presented to Parliament by the Minister for Government Policy by Command of Her Majesty, July 2011, em http://www.official-documents.gov.uk/document/cm81/8145/8145.asp.

ser inteiramente arredado[10], embora todos padeçam de limitações graves. O modelo tradicional assentava numa idealização retórica do sector público e do servidor do Estado que deve ser contrastada com a experiência da sua corrupção: a opacidade e arbitrariedade de práticas burocráticas ancestrais, em que a combinação de poder coercivo, monopólio e posição dominante favoreceu o abuso e desprezo pelo cidadão.

Em contrapartida, o modelo empresarial e gestionário tende a ignorar a especificidade da coisa pública e os limites da sua aproximação às regras e métodos do sector privado, particularmente por razões de legitimidade. Aliás, a aliança entre o poder de coerção e técnicas empresariais inocentes, pode revelar-se uma mistura explosiva. Por exemplo, a combinação entre a 'gestão por objectivos' e o poder coactivo, se for operada levianamente, resultará numa conduta autoritária, agreste e desproporcionadamente intrusiva, em nome do cumprimento dos objectivos fixados, lesando injustamente os contribuintes, na forma ou na substância, – como aconteceu no caso da DGCI e da ASAE.

Nesse ambiente, essas invasões iníquas na esfera jurídica dos particulares aparecem como 'danos colaterais', lamentáveis talvez, mas folgadamente compensados pelo bem superior dos magnos objectivos pretendidos. Ora, embora carecido de reforma, o *ethos* das funções de soberania do Estado não dispensa um módico de credibilidade e confiança, prudência, contenção e sobriedade, associados ao sentido da legalidade e da justiça. Além do mais, as principais vítimas deste 'zelo' serão sempre os mais fracos, aqueles que não têm poder, influência ou amigos nas repartições, e não podem recorrer a advogados e fiscalistas. A gestão por objectivos e as preocupações de racionalidade económica e de eficácia na aplicação da lei são evidentemente benignas. Mas não são tudo: é também necessário tomar como primeiro 'objectivo' o respeito pelos direitos das pessoas. De facto, nós não somos clientes da DGCI. Somos de algum modo súbditos, é verdade, mas também cidadãos. Numa tira famosa de banda desenhada, o Snoopy pede aos

---

[10] Na prática, a maioria dos organismos da Administração pública incorpora elementos e valores dos vários modelos, mesmo quando um deles é predominante.

serviços do IRS que o seu contacto seja removido da respectiva *mailing list*. Nós não podemos pretender que o nosso registo seja retirado da *mailing list* dos serviços do IRS...

Por fim, os modelos de 'governação' – baseados na participação e na 'voz' dos cidadãos – têm sérios problemas que inibem a sua eficácia e legitimidade. Ao nível individual, a sua activação exige uma energia e um sentido de compromisso cívico pouco frequentes; demoram muito tempo a surtir efeito; e discriminam a favor daqueles que sabem escrever, argumentar, reivindicar e organizar-se. Ao nível agregado, acrescem os chamados problemas da acção colectiva. De resto, a 'governação em rede' é demasiado subsidiária de conceitos equívocos – e, a meu ver, perigosos – como os da democracia electrónica e cidadania digital (cujo reverso é a fragilização potencial não só da democraticidade do processo, como da privacidade, liberdade e segurança dos cidadãos, face a um novo e-Leviathã).

Que fazer?

De qualquer modo, todos desejamos um aparelho público magro e ágil, competitivo e eficaz, responsável e equitativo. Suponho ter ficado claro que não é tarefa simples, embora já tenham sido esboçadas ideias e soluções para os problemas acima referidos. Contudo, podemos talvez dizer, em termos práticos, que os vários problemas acima indicados se desenvolvem em dois planos inter-comunicantes: i) o plano político e institucional e ii) o operacional, funcional e organizativo.

Em relação ao primeiro plano, a esperança que nos resta é a de que a situação aflitiva em que nos encontramos obrigue, por fim, não à reforma ideal e perfeita, que seria sempre esquiva e ilusória, mas a uma alteração determinada e vigorosa no estado da Administração Pública: suprimir sobreposições, erradicar velhos vícios, eliminar desperdícios, aliviar a sociedade civil. Nas actividades de prestação positiva de bens colectivos ou serviços públicos, de acordo com o que a sociedade entende ser de interesse público, e aquelas outras de conteúdo mais auxiliar, logístico ou instrumental, o sector público poderá (e deverá) conviver com os sectores privado e voluntário. Aí o Estado deve acentuar o seu papel subsidiário, garantista e fiscalizador. É verdade que o corte cego nos salários e a extinção atabalhoada de institutos públicos não são os melhores 'primeiros passos' para moralizar e reestruturar a Administração Pública, mas talvez fosse necessário arrancar assim. Entretanto, será necessário prosseguir – sem rejeitar o que já foi feito de bom.

No que respeita ao segundo aspecto – operacional e funcional – gostaria de notar, como ponto prévio, que os problemas da Administração não são meramente técnicos: não são redutíveis a questões de técnica jurídica, económica ou organizativa, nem resolúveis apenas com um 'choque de gestão' ou com um 'choque tecnológico', como por vezes se diz. Mas queria insistir também que a boa gestão é uma condição indispensável para a reforma ambicionada. E, apesar dos progressos realizados, há um enorme campo de aperfeiçoamento na gestão pública. E isso está ao nosso alcance: pode fazer-se e deve fazer-se. A motivação dos funcionários públicos não é independente do contexto político e institucional mas não é também inteiramente determinada por ele. É sempre possível tratar e motivar melhor as pessoas: com respeito, confiança e exigência, suscitando as suas melhores ideias e esforços, restaurando os princípios da integridade pessoal e do mérito (enriquecido com as novas valências) e promovendo uma visão 'nobre' e selectiva do serviço público, embora – desta vez – sem demasiadas ilusões. Nem demasiadas suspeições.

Novembro de 2010

A crise europeia e o futuro da União – um olhar político

> *"Determinados a estabelecer os fundamentos de uma*
> *união cada vez mais estreita entre os povos europeus..."*
> Preâmbulo do Tratado de Roma

> *"We the People..."*
> Preâmbulo da Constituição dos EUA

A crise da dívida soberana que assolou os países europeus periféricos, ao longo dos últimos meses – réplicas da 'tragédia grega', necessidade de cuidados intensivos nas economias irlandesa e portuguesa, riscos de contágio e infecção ameaçando Itália, Espanha e França – deu azo a novos apelos ao governo económico supranacional, à mutualização da dívida, ao federalismo fiscal, enfim, a 'mais Europa'[1]. A hipótese de que uma zona monetária comum poderia sobreviver sem políticas económicas comuns teria sido falsificada. As alternativas – a saída do euro de alguns Estados, ou a dissolução da união monetária – parecem ter custos incomportáveis, ou pelo menos incalculáveis.[2]

---

[1] Cf. *The Economist*, "Charlemagne: with the euro under siege, is this the time for more Europe?", Sep 17th 2011.

[2] De facto, já houve estimativas desses custos, mais ou menos grosseiras. Entretanto, a hipótese do afundamento irreversível do euro com regresso às antigas moedas nacionais deixou de ser inverosímil.

Tudo isto faz algum sentido e seria aliás reclamado pelos 'mercados', como que confirmando a ideia de que é impossível beneficiar, ao mesmo tempo, de globalização, soberania nacional e democracia. Como já foi dito, só seria viável reter, em simultâneo, quaisquer duas dessas três formações sociais. Assim, seria necessário um governo europeu que transformasse compulsoriamente a eurozona numa 'zona monetária óptima'[3], eliminando a soberania nacional da inequação. Neste texto, gostaria de sugerir que a eliminação dessa variável implicaria também riscos de anulação da variável seguinte: a democracia.

Uma "união cada vez mais estreita"

O sonho (ou pesadelo) da unidade política da Europa tem uma longa tradição: registou antecedentes históricos bem sucedidos, como o império romano e o sacro império de Carlos Magno, foi objecto de tentativas frustradas por parte de Napoleão e Hitler, foi desejado ou imaginado por socialistas e liberais, por Victor Hugo, Kant e Thomas Man.

Ao mesmo tempo, se é verdade que a história da Europa é, em grande parte, a história das guerras entre os seus povos, também é verdade que existe uma valiosa base comum: a matriz greco-latina, a herança judaico-cristã, o humanismo renascentista, o racionalismo iluminista e cientista e uma tradição intelectual de respeito pelos direitos humanos e de apreço pela liberdade e pela democracia.

Na segunda metade do século XX, a visão inspiradora das Comunidades Europeias foi a de um arranjo político-institucional que garantisse, sobre todas as coisas, a manutenção da paz entre as potências da Europa, traumatizada pela experiência dilacerante de séculos de guerras e devastações. O génio dos pais fundadores da construção europeia consistiu, precisamente, na invenção dos mecanismos institucionais que inibissem a reedição de condições favoráveis ao conflito armado entre os povos continentais – pela gestão conjunta dos recur-

---

[3] O facto de a eurozona não ser uma 'zona monetária óptima' é precisamente a raiz mais profunda dos seus actuais problemas financeiros. De qualquer modo, não faz sentido sopesar custos e benefícios da participação nesse espaço, como se começássemos do zero: como se o euro não existisse ou como se não fosse já nossa moeda.

sos da guerra – e que fundassem a paz no interesse próprio de cada um dos Estados membros – pela interdependência comercial. Tudo isto sob a protecção da NATO e ao abrigo de um inimigo externo comum.

Tendo sido concebido predominantemente como um espaço de paz, o projecto europeu passou, entretanto, a ser fundamentalmente um 'mercado comum'. Depois, com o desaparecimento dos seus dois 'grandes federadores' – a ameaça soviética e a correlativa ajuda americana – a 'Europa' tem sofrido um doloroso processo de procura de identidade, salpicado por sinais de confusão e desintegração.

O princípio 'funcionalista'

Para alguns, a união política seria uma necessidade técnica, 'funcional', exigida de modo gradual e progressivo pelos pequenos e sucessivos passos integradores das economias: o mercado comum requeria o Mercado Único; este exigia, para se realizar efectivamente, uma moeda única; por sua vez, a união monetária pediria (como se vê) uma política orçamental e financeira comum, que por seu turno necessitaria de uma política fiscal comum; depois, obrigaria a uma harmonização dos sistemas de segurança social, depois, dos regimes laborais, e assim sucessivamente. A metáfora que melhor ilustra este movimento sem fim definido é ainda a da bicicleta de Jacques Delors: ou acelera ou cai, não importando para onde se dirige.

Neste sentido, a União Europeia seria uma tecno-burocracia, alheia a valores e finalidades últimas, servida por um léxico próprio, uma linguagem indecifrável pelos cidadãos, e por normas muito técnicas e complexas. Contudo, pode pensar-se também que esse 'funcionalismo' será apenas um pretexto, uma forma de legitimação ideológica, amparada pela hostilidade e desgosto face ao velho Estado-nação e à soberania nacional, considerados como atavismo setecentista. Isso seria denotado pelo modo furtivo e subreptício como são propostas e consumadas as medidas que visam maior integração, em nome de um certo despotismo iluminado. Nestes termos, a convocação dos cidadãos para deliberar sobre transferências de soberania adoptou um figurino singular (o chamado 'método europeu'): referendos nacionais foram repetidos até darem o resultado 'certo'. Não admira, portanto, que o Presidente da Comissão Europeia tenha declarado, em

Setembro de 2011, que a crise do euro constitui um novo "momento federador": a alternativa seria o apocalipse.

Globalização e integração

A globalização viria a dar novo gás ao princípio funcionalista. Em virtude dos progressos tecnológicos, particularmente nos meios de comunicação, as distâncias diminuíram, a conectividade e a inter-dependência aumentaram, as fronteiras tornaram-se permeáveis e porosas, o espaço e o território perderam valor estratégico: o mundo 'encolheu', compenetrou-se e globalizou-se. As questões candentes da actualidade – migrações, preservação ambiental, riscos securitários, alimentares, energéticos, financeiros... – seriam agora de natureza glo-bal, requerendo não apenas abordagens transnacionais mas também novas e fortes instituições, com poder normativo e, desejavelmente, coercivo para poder eficazmente resolvê-las.

De facto, na maioria dos casos, o Estado-nação deixou de ser capaz de desempenhar, de modo auto-suficiente, as suas funções típicas – defesa, segurança, coesão social, estabilidade monetária e estabi-lização económica, a própria produção legislativa – e de lidar, sozi-nho, com problemas que se tornaram globais. O Estado nacional perdeu quer o monopólio, quer a centralidade e relevância, não só na ordem externa e no relacionamento internacional, como também na ordem interna, encontrando-se atenazado, em concorrência com outros centros de poder: "perdeu competências pelo topo, transferi-das para a decisão colectiva dos grandes espaços; perdeu competências pelas bases reordenadas pela descentralização e pela regionalização; perdeu áreas de antiga zona de jurisdição interna; perdeu recursos pelos efeitos das leis da competitividade"[4]. Por seu turno, o próprio conceito tradicional de 'fronteira' tornou-se mais abrangente e múlti-plo, contemplando agora as fronteiras da 'geografia de segurança', da 'geografia política e económica', da 'geografia de identidade', como diz Adriano Moreira.

---

[4] Ver Adriano Moreira, "Sobre o Conceito Estratégico Nacional", *Lusíada, Revista de Ciência e Cultura*, nº 1, Universidade Lusíada, Porto, 2000, p. 16.

Entretanto, o aparecimento e institucionalização dos 'grandes espaços' (como a UE) – constituídos para perseguir objectivos que cada Estado isolado não teria capacidade de alcançar – teriam gerado novas solidariedades e mostrariam que as fidelidades à sede da soberania podem ter uma origem diferente da nacionalidade, que as legitimidades políticas não são necessariamente nacionais e que as nações não exibem necessariamente a ambição de assumirem uma soberania própria e exclusiva. As sociedades civis teriam deixado de ser nacionais e evoluído para transfronteiriças, transnacionais ou cosmopolitas.

Uma resposta a estes problemas seria a construção de um super-Estado à escala continental, mais ou menos federalista. Para os europeístas sinceros, isso implicaria a desejada clarificação do magma legislativo e do *acquis communautaire*, bem como a limitação e separação vertical dos poderes: moderando a voracidade centralizadora e uniformizadora da Comissão e do Tribunal Europeu, e inibindo o alargamento insaciável do seu leque de atribuições. O princípio da igualdade entre Estados, próprio do modelo federal, e o princípio da subsidiariedade permitiriam valorizar a diversidade cultural que constitui parte essencial da riqueza da Europa, tanto quanto a sua unidade civilizacional. Claro que os Estados membros perderiam a subjectividade internacional e a capacidade para determinar e perseguir, autonomamente, os seus interesses próprios; mas tratar-se-ia de uma capacidade que verdadeiramente já não detinham. Entretanto, a legitimidade do novo Estado federal adviria de instituições directamente responsáveis perante o eleitorado europeu. A cidadania europeia deixaria de ser derivada para ser originária.

"A Alemanha é demasiado grande, poderosa e rica para não dominar a Europa"[5]

Numa narrativa alternativa, contudo, a construção europeia seria algo muito diferente: seria sobretudo uma luta pelo poder e pela supremacia, um jogo de natureza estratégica visando a imposição da vontade 'soberana' dos Estados mais fortes; e a 'União da Europa' não seria

---

[5] Alusão à tese do historiador A. J. P. Taylor.

senão um instrumento para perseguir os seculares interesses nacionais próprios – muitas vezes antagónicos – dos velhos Estados-Nação, que permaneceriam o critério fundamental de todos os seus sinuosos processos. Longe de qualquer idealismo europeísta, tratar-se-ia da mais antiga forma de união ensaiada na Europa – a hegemonia, no fundo – desta vez prosseguida não pela guerra mas por outros meios: a economia, a diplomacia, a 'pressão sistémica'.

Podemos imaginar que foi isso que a França sempre quis; ou que a Inglaterra sempre quis evitar; ou que a Dinamarca, Suécia, Irlanda ou Polónia sempre temeram. O que parece ser novo é a recente atitude 'egoísta' da RFA, que teria pulado do mais ardente e idealista europeísmo para um eurocepticismo ambivalente. A Alemanha teria despertado de uma longa hibernação no post-guerra, marcado pelo estigma da sua culpabilidade histórica, sublimada por um espírito conciliador, cooperativo, humanista e universalista das relações europeias e internacionais. Depois da reunificação, a Alemanha sacudiu esse peso e encetou um processo de 'normalização' geo-estratégica, passando a prosseguir os seus próprios interesses (como fazem os demais países), domésticos ou globais, independentemente do bem comum europeu[6]. Para muitos alemães, a UE e os seus parceiros relapsos são agora uma fonte de cargas e obrigações, uma canga sobre os seus contribuintes[7]. Em qualquer caso, o interesse nacional alemão parece ser agora o princípio reitor da União, e o seu ascendente coincide naturalmente com o declínio e apagamento da Comissão Europeia.

Um "post-Estado"?
Numa outra perspectiva ainda, alega-se que deveríamos abandonar os nossos velhos esquemas político-constitucionais. Assistimos à fragmentação, descentralização e desconcentração do poder, à desterri-

---

[6] Ver Cfr. Ulrike Guérot and Jacqueline Hénard, *What does Germany think about Europe?*, U. Guérot and J. Hénard, Eds., "Introduction", European Council on Foreign Relations, London, June 2011.

[7] Claro que essa sensação esquece os benefícios colhidos da prodigalidade – em consumo e endividamento – dos países perdulários: exportações alemãs financiadas por bancos alemães.

torialização do poder e à desinstitucionalização do poder[8]. Presenciamos a desarticulação dos três poderes tradicionais e a proliferação de outros. Testemunhamos a 'crise da lei' e o surgimento de outras instâncias normativas. Assim como teríamos de saltar – na retórica em voga – do paradigma do 'governo' para o modelo da 'governança', também teríamos que mudar de paradigma constitucional, rumo a uma nova era marcada pela 'interconstitucionalidade', pela concorrência de ordenamentos constitucionais[9]. Tratar-se-ia de alterar o conceito moderno de soberania e de direito público e, se não regressar, pelo menos retirar inspiração de uma ordem política e jurídica de tipo medieval pré-westefaliana – diversidade institucional, permeabilidade das fronteiras, interpenetração mútua, obediências múltiplas, jurisdições sobrepostas – constituindo uma espécie de Estado post-moderno, ou um 'não-Estado'[10].

Isto aplicar-se-ia de modo particular no caso da União Europeia actual que é já, de facto, algo mais que uma instituição inter-governamental. O edifício europeu em construção constituiria uma forma política original e post-moderna, visando superar a dicotomia entre o inter-governamentalismo e o federalismo tradicional: um ente político cujas decisões (o direito) são voluntariamente aceites pelas suas unidades constituintes sem recurso aos meios coercivos directores tradicionais (o poder); uma entidade política criada pelo consentimento e não por uma hierarquia vertical. A posição de Joseph Weiler contra a 'Constituição europeia' baseia-se precisamente na convicção de que essa constitucionalização destruiria o peculiar arranjo político europeu – composto por elementos confederalistas, federalistas e inter-governamentais – e a sua grande inovação[11].

---

[8] Ver Paulo Rangel, *O estado do estado*, Dom Quixote, 2009, Parte II.

[9] *Ibidem.*

[10] Ver Marc F. Plattner, "Soberania e Democracia", *Nova Cidadania*, nº 18, Principia, Cascais, 2003, p. 23.

[11] Cf. J. H. H. Weiler, "In defense of the status quo: Europe's constitutional *sonderweg*", *European Constitutionalism Beyond the State*, J. H. H. Weiler e Marlene Wind (Eds.), Cambridge University Press, 2003.

Cidadania e Democracia

O grande problema destas formas de 'organização' consiste, obviamente, nas dificuldades que levanta à democraticidade e à transparência e responsabilidade políticas. Mas não apenas por razões jurídicas.

Pierre Manent sugere que a cidade antiga e o Estado-nação são as duas formas políticas que foram capazes de realizar – pelo menos na sua fase democrática – a união entre 'civilização' e 'liberdade'. E acrescenta que Estado soberano e governo representativo foram os dois grandes artifícios que tornaram esses bens acessíveis às massas[12]. Ora a construção europeia, tal como abalou a soberania nacional, minou também a representação e responsabilidade políticas (e mesmo a própria cultura política). Em primeiro lugar, como diz ainda Manent e foi já referido, a UE cristalizou numa 'ideia' auto-revestida de legitimidade superior cujos dispositivos normativos – agências, tribunais, comissões, cimeiras... – são cada vez mais funcionais e cada vez menos políticos, numa finalidade sem fim, a "união cada vez mais estreita"[13]. Em segundo lugar, a absorção de competências pela UE agravou a percepção por parte dos eleitorados de que os seus representantes nacionais são politicamente impotentes e irresponsáveis: não têm capacidade de responder aos seus problemas (o que pode estar associado ao crescimento da abstenção nos vários actos eleitorais domésticos). Em terceiro lugar, porque as pessoas não se sentem representadas, de facto, nas instituições europeias. Não se sentem vinculadas politicamente de modo suficientemente denso e profundo: nem aos respectivos órgãos de governo, nem ao conjunto dos povos europeus (o que pode ser indiciado pelo elevados níveis de abstenção registados nas eleições para o Parlamento Europeu)[14].

Esse *deficit* democrático não é casual; mas não é também inteiramente voluntário. Tem a ver com a 'resistência dos materiais' políticos. Com efeito, para que a democracia funcione tem de haver uma

---

[12] Cf. Pierre Manent, *La raison des nations: Réflexions sur la démocratie en Europe*, Gallimard, 2006, p. 46-48.

[13] *Ibidem*, p. 48.

[14] Ver Adriano Moreira, "O Desafio à Segurança Interna das Democracias", em *Os Grandes Mestres da Estratégia*, A. P Garcês e G. d'Oliveira Martins (Eds.), Almedina, 2009.

ordem política à qual as pessoas sintam que devem a sua lealdade política fundamental; e essa ordem só é possível "se as pessoas se tornarem concidadãos, se concordarem em ser governadas de acordo com as decisões tomadas por meio de um processo político legítimo, mesmo que essas decisões exijam que repartam os seus pertences ou arrisquem as suas vidas"[15]. E isso só acontece se existir uma lealdade pré-política, se houver já uma primeira pessoa no plural, um 'nós' prévio, um 'povo', entre o qual as pessoas põem as coisas em comum e ao qual as pessoas sentem que pertencem. Sem esse 'nós' pré-contratual, sem essa experiencia da pertença, de concidadania, o suporte do contrato social desaparece: "as obrigações oficiais tornam-se provisórias, indefinidas e revogáveis, e a ideia de podermos ser chamados a dar a vida por um grupo de desconhecidos começa a raiar o absurdo"[16]. Por outras palavras, a democracia emana da cidadania[17]: o sentido de uma casa comum, de uma pátria – lugar da comunidade trans-geracional que nele reside – que gera e condiciona a fidelidade política e a legitimidade política.

Cidadania e Estado-nação
Por seu turno, o Estado-nação liberal democrático foi um veículo apropriado para sustentar e consolidar essa fidelidade e obediência às leis: corporizou politicamente esse "intrincado complexo de ingre-

---

[15] Ver M. F. Plattner, *idem*, p. 28.

[16] Ver Roger Scruton, *O Ocidente e o Resto*, Guerra e paz, 2006, pp. 27-28.

[17] Claro que se pode tentar o inverso: forçar a cidadania a partir da democracia. Contudo, as experiências de *nation-building* ou de *state-building*, abstraindo dos laços ou clivagens sociais pré-existentes, não costumam ser bem sucedidas, pelo menos em democracia. "As pessoas estão, em regra, dispostas a aceitar o governo da maioria e os direitos das minorias quando aceitam e se identificam com o conjunto, ou a entidade, ou a unidade, no interior do qual essas regras se aplicam" (cf. J. C. Espada, *Ensaios sobre a Liberdade*, Principia, Cascais, 2002, pp. 168-175). Em caso contrário, como mostram os exemplos do País Basco, Irlanda do Norte ou ex-Jugoslávia, bem como de grande número de países artificiais em África ou no Médio Oriente, as maiorias tendem a rejeitar e privar as minorias dos seus direitos, e estas, por seu turno, não aceitam o governo da maioria. Ver também R. Scruton, *op. cit.*, p. 64.

dientes que levam as pessoas a partilhar um sentimento de pertença, de cidadania comum"[18], sob uma jurisdição territorial.

É verdade que vivemos hoje numa 'sociedade de estranhos', longe das ideias de comunidade sentimental subjectiva, de identidade orgânica e menos ainda de 'comunidade de sangue', herdeiras da revolução francesa, dos nacionalismos europeus subsequentes e do romantismo político alemão, de Renan, Herder ou Fichte. Mesmo assim, o Estado-nação contemporâneo ainda é a melhor aproximação à sociedade política viável: uma associação de pessoas fundada no direito e estruturada em torno de uma certa visão, 'simpatia comum' e comunidade de interesses, convocando um poder político nascido no seu seio, o autogoverno, a soberania própria[19]. A identidade nacional tem ainda um alcance político não comparável com outras formas de identidade colectiva, quer de tipo político-administrativo – regional ou transnacional – quer das derivadas de outras fontes de afinidade e fidelidade (religião, ideologia, classe social, profissão). O Estado nacional aparece como o 'lugar político' no qual são mais verosímeis as relações de cidadania, de reciprocidade de obrigações e direitos, de sentido público e de liberdade, mesmo entre pessoas de diversa etnia, religião e costumes (dentro de certos limites), como é típico das nossas sociedades abertas e plurais[20].

Não estou certo que se possa ainda falar da identidade nacional como um "sistema de certezas íntimas, agregado de segredos conhecidos colectivamente, conjunto de emoções vividas em comum, rede de interesses partilhados por todos"[21], acervo de ideais, experiências, memórias e patrimónios, comitiva de símbolos, tradições comuns e cumplicidades, uma 'comunidade de sonhos', na expressão de Malraux. Mas estou certo de que isso não se aplica à União Europeia.

[18] Ver J. C. Espada, *ibidem*.
[19] Ver Adriano Moreira, *Teoria das Relações Internacionais*, Livraria Almedina, Coimbra, 2002, pp. 365-366.
[20] Ver R. Scruton, *idem*, pp. 57 e seguintes.
[21] Cf. Franco Nogueira *Juízo Final*, Livraria Civilização Editora, Porto, 1992, p. 46.

"O patriotismo é o último refúgio dos canalhas"?

Para além de segurança física e prosperidade económica e social, as pessoas esperam também das instituições políticas algo que a nação fornece: identificação, posteridade, dignificação colectiva e fraternidade. Contudo, acima de qualquer tribalismo, a relação de pertença mais verdadeira e moralmente mais relevante é a que respeita à nossa humanidade comum. É isso que subjaz ao sonho kantiano de uma sociedade civil mundial, de uma cidadania cosmopolita: uma ordem legal universal, baseada na adesão desinteressada – purificada de inclinações heterónomas – a um regime de direitos e deveres abstractos. De resto – agora em chave hegeliana – o desejo de 'reconhecimento' da dignidade pessoal fundado na nacionalidade não seria racional; e a distinção entre grupos humanos nacionais seria um sub-produto da história, arbitrário e acidental[22]. Recentemente, Amartya Sem argumentou de modo convincente contra o 'paroquialismo' e a favor de uma noção não fixa e não física de proximidade e vizinhança, invocando a parábola lucana do 'bom samaritano'[23].

O nacionalismo é realmente algo desagradável, perigoso e de mau gosto. Ao contrário, o patriotismo é uma nobre forma de *pietas*. A pertença à mesma e única família humana justifica razoavelmente a aspiração a direitos de cidadania universais. Mas é necessário um ponto de equilíbrio. A concreta determinação histórico-cultural da nossa natureza liga-nos a uma determinada terra, determinada língua e particulares grupos humanos. Ao famoso *dictum* de Samuel Johnson referido em epígrafe será necessário o contraponto de Leopardi: "[a filosofia moderna] tratou o amor pátrio como se fosse uma ilusão. Quis que o mundo fosse todo ele uma pátria, e que o amor entre todos os homens fosse universal... Em consequência, já não existe efectivamente amor à pátria, mas em vez de todos os indivíduos do mundo reconhecerem uma só pátria, todas as pátrias se dividiram em tantas pátrias quantos

---

[22] Ver Adriano Moreira, "A Globalização e as Três Cidadanias", Separata de *Estudos Políticos e Sociais*, vol. XXIII, nºs 1-4, ISCSP, Lisboa, 2001, p. 14. Ver também Francis Fukuyama, *The end of history and the last man*, Penguin Books, Harmondsworth, 1992, p. 200.

[23] Cf. Amartya Sen, *The Idea of Justice*, Harvard University Press, 2009, Cap. 7 (particularmente sob a epígrafe "Who is our neighbour?") e Cap. 8.

os indivíduos, e a união universal prometida (...) converteu-se numa separação universal"[24]. E de facto, a sociedade moderna – pluralista, individualista, complexa, fragmentada, atomizada, instável – tornou--se cada vez mais 'societária' e cada vez menos 'comunitária'[25]. Para não cair na anomia, a sociedade precisa de laços de solidariedade civil, de lealdades e responsabilidades derivadas da existência pessoal concretamente situada, numa família, comunidade ou país. Não há cultura política, por mais ecuménica que seja, que não esteja profundamente enraizada numa história, num contexto sociocultural, e institucional, sempre particulares. É tão necessário evitar a exaltação 'universalista', equivalente prático de esquálida e seca homogeneização, como a exacerbação 'comunitária', conducente ao fechamento e crispação[26].

Isto não quer dizer que o modelo esteja fixado. O Estado-nação é um artefacto humano, nem sempre existiu e pode ser superado. Simplesmente, parece que os novos vínculos, a 'cidadania do grande espaço' ou mesmo a 'cidadania mundial' ou cosmopolita[27] não substituem a cidadania nacional, antes a complementam.

"A Europa já foi feita, precisamos agora de fazer os europeus"?

A ambiguidade da fórmula de Timothy Garton Ash já foi algures sublinhada: ela confirma que a 'Europa' foi sendo feita sem 'europeus' – pela mais óbvia das razões: os 'europeus' não existem, em termos políticos – e presume que a identidade europeia pode ser construída por desígnio central. O problema agora consiste em que 'mais Europa' requer um governo económico europeu. Ora esse governo exigiria consentimento popular, responsabilidade política, representação política. E democracia e representação política exigem um *demos* constituinte, um povo europeu, que todavia não existe. Não adianta que o Presidente da Comissão seja eleito pelo sufrágio directo e universal dos 500 milhões 'europeus', porque eles não são politicamente

[24] CF. G. Leopardi, *Zibaldone di Pensieri*, n. 149.
[25] Ver Sergio Belardinelli, "Individuo e bene comune nella società complessa", *Acta Philosophica*, I8, PUSC, Armando Editores, Roma, 1999, pp. 15 e seguintes.
[26] Cf. Sergio Belardinelli, *ibidem*.
[27] Ver Adriano Moreira (2001), p. 15.

europeus. E não adianta dar mais poderes ao Parlamento Europeu, pela mesma razão. Pelo contrário, quanto mais desautorizados os parlamentos nacionais a favor do Parlamento Europeu (que, a bem dizer, não representa ninguém), mais pobre será a representação política. Por muito que isso custe aos federalistas europeus, não é razoável esperar que a UE trate Portugal como a Alemanha trata o mais falido e diminuto do seus *länder*, ou como o 'Continente' trata a Madeira. Porque não há, de facto, uma solidariedade pré-política básica: seríamos sempre 'porção negligenciável', cujo interesse específico não compensaria sopesar.

O folhetim europeu tem sido tão pródigo de peripécias que entre o momento que escrevo e aquele em que este texto está a ser lido muita coisa pode ter mudado. É razoável esperar que os credores de devedores impenitentes condicionem a soberania financeira destes últimos, como aconteceu a Portugal. Talvez isto exija novos arranjos na arquitectura institucional europeia[28]. É verdade que não é prudente deixar a Alemanha 'à solta'. Contudo, o objectivo da União – o seu grande desígnio – deve voltar a ser a preservação do direito e da paz na Europa, que nunca se devem dar por garantidos e definitivos. Não há nada que mais eficazmente prometa essa paz que a democracia. E a única democracia real e viável é ainda a democracia nacional.

Outubro de 2011

---

[28] Ver, p.e., *The Economist*, "How to save the euro", Sep 17h 2011. Entretanto, a solução encontrada na Cimeira de 9 de Dezembro – que consagra a supremacia alemã, em detrimento do 'método comunitário' – parece ainda mais lesiva do que resta da soberania dos parlamentos nacionais.

A 'morte de Deus' e a Cidade dos Homens

> *"God: after a lengthy career, the Almighty recently passed into history. Or did he?"*
> The Economist, *Millennium issue*, 1999

> *"God is back: (...) the global revival of faith is changing the world."*
> J. Micklethwait e A. Wooldridge
> (colaboradores do *The Economist*), 2009

No obituário da sua 'edição do Milénio', o *The Economist* assinalou – sem falsos pesares – a morte de Deus. Nessa nota necrológica, o semanário repassava em breves pinceladas a atribulada história da procura humana de Deus, endossando a ideia de que essa história chegara ao fim, o que seria aliás uma boa coisa.

A tese da irrealidade de Deus e da maldade da religião não é evidentemente nova: *"tantum religio potuit suadere malorum"*, dizia o poeta latino Lucrécio[1], como recorda o *The Economist*. Mas desenvolveu-se sobretudo a partir da Idade Moderna, acabando por cristalizar em torno dos lugares comuns (mas não por isso falsos, ou verdadeiros) sobre a secularização inelutável, o declínio da religiosidade e o antagonismo entre religião e progresso. Começou pelo 'furor anti--teológico' de Maquiavel e Hobbes, na primeira vaga da modernidade.

---

[1] *De Rerum Natura*, Livro I, 101.

DEMOCRACIA LIBERAL – A POLÍTICA, O JUSTO E O BEM

Foi alentada pelo deísmo, agnosticismo e materialismo de parte da Ilustração e, sobretudo (mas não só), dos *philosophes* e enciclopedistas do iluminismo francês[2]. Edward Gibbon, Helvétius, Voltaire, d'Holbach, Diderot ou d'Alembert cultivaram um ódio visceral à religião em geral e ao catolicismo em particular. Contudo, ao mesmo tempo que proclamava que "qualquer homem sensato, qualquer homem honrado, deve tomar o cristianismo com horror", Voltaire confessava (por razões que abordaremos adiante) que "se Deus não existisse seria necessário inventá-lo"[3]. Duas gerações mais tarde, Feuerbach dirá que foi isso precisamente o que aconteceu: incapaz de suportar sozinho a dureza da vida, o homem inventara Deus. Entretanto, e depois, Comte e o positivismo, Marx e Nietzsche, Darwin e o evolucionismo, Freud, o cientismo, a exegese liberal das Escrituras, a crise da metafísica e o escândalo de Auschwitz foram redigindo, paulatinamente, a certidão de óbito de Deus[4]. Cristãos e judeus elaboraram sobre 'a noite' da Fé, o 'exílio de Deus' ou o 'eclipse de Deus'. E, claro, os erros, incoerências e vícios dos crentes (como eu) também colaboraram.

Roger Scruton salienta o 'sentido de perda' e a beleza melancólica e elegíaca com que Mathew Arnold entoa o fim da fé sobrenatural – em *"Dover Beach"* – na segunda metade do século XIX[5]. E quando Thomas Hardy escreveu o seu poema *"God's Funeral"* – no princípio do século XX – ainda o fez em ambiente de condolência e luto[6]. Contudo, 'a morte de Deus' e a agonia da religião foram também celebradas ou desejadas como eliminação de uma praga: fruto do medo, raiz da violência, 'ópio do povo', 'neurose colectiva infantil', crueldade e

[2] Cf. Gertrude Himmelfarb, "The French Enlightenment", *The Roads to Modernity*, Vintage Books, New York, 2005.

[3] Cf. Gertrude Himmelfarb, *ibidem*.

[4] Para uma resposta cristã, em meados do século XX, ver por p.e. Henri de Lubac (*O Drama do Humanismo Ateu*), Frederick Copleston (*Uma Historia da Filosofia, inter alia*), Romano Guardini (*O Fim da Época Moderna*) ou Charles Moeller (*Literatura do Século XX e Cristianismo*, particularmente sobre o 'silêncio de Deus').

[5] Cf. Robert Scruton, *Gentle Regrets – Thoughts from a Life*, Continuum, London, 2005, pp. 219-220.

[6] Cf. J. Micklethwait e A. Wooldridge, *God is back: how the global revival of faith is changing the world*, Penguin Books, 2009, p. 43.

obscurantismo, etc. Em particular, a moral judaico-cristã – 'moral de escravos' e 'pecado capital contra a vida' – e a Fé bíblica – com a sua irritante pretensão de racionalidade e de verdade... – foram objecto de singular animosidade. Ratzinguer cita o egiptólogo Jan Assmann que aponta o 'pecado original' do culto ao Deus de Abraão, Isaac e Jacob: a 'distinção mosaica' – a introdução das categorias de verdadeiro e falso no âmbito religioso, figurada na destruição do bezerro de ouro – e o seu potencial de intolerância e ódio. A solução seria a reversão do Êxodo, o 'regresso ao Egipto', ao politeísmo (supostamente) complacente e tolerante[7]. E não é casual ou inocente a popularidade, no mundo ocidental – nomeadamente em Hollywood... –, de formas de espiritualidade *light* e de produtos religiosos *low-cost* e *à la carte*, algures entre o misticismo oriental e a *new age*, sem pecado, drama ou credo e, ao fim ao cabo, sem redenção e sem Deus.

Em qualquer caso, eminentes sociólogos e estudiosos da religião – como Philip Jenkins, Rodney Stark e o segundo Peter Berger[8] – observaram (contraditando os seus colegas mais velhos: Max Weber, Émile Durkheim, o primeiro Berger...) que – parafraseando Mark Twain – as notícias sobre a morte de Deus foram talvez exageradas. E eis que, segundo dizem alguns[9], Deus voltou: seja pela frustração das meta-narrativas seculares, seja porque o homem é um 'animal de sentido', seja porque tem um 'gene religioso' e um anelo natural do sagrado, seja porque afinal Deus existe mesmo. A Sua exclusão do espaço público, o retrocesso da crença religiosa e a convicção da sua incompatibilidade com a modernidade seria um fenómeno transitório e minoritário, típico apenas da 'velha Europa'. Pelo menos, como defende Charles Taylor, a secularização é mais complexa e matizada[10].

---

[7] J. Ratzinguer, *Truth and Tolerance: Christian Belief and World Religions*, Ignatius Press, San Francisco, 2004, p. 210 e seguintes.

[8] Cf. P. Jenkins, *The Next Christendom: The Rise of Global Christianity*, Oxford University Press, 2002; R. Stark, "Secularization, R.I.P.", *Sociology of Religion*, vol. 60, nº 3, 1999; P. Berger, Secularism in Retreat", *The National Interest*, n. 46, 1996; R. Stark e M. Introvigne, *"Dio è tornato. Indagine sulla rivincita delle religioni in Occidente"*, Edizioni Piemme, 2003.

[9] Cf. J. Micklethwait e A. Wooldridge, *idem*.

[10] Ver Charles Taylor, *A Secular Age*, Harvard University Press, 2007.

DEMOCRACIA LIBERAL – A POLÍTICA, O JUSTO E O BEM

Isso terá desencadeado, aliás, a fúria e sarcasmo dos novos ateus – como Sam Harris, Hitchens, Daniel Dennet ou o fatal Richard Dawkins – e a sua mobilização numa inédita campanha 'proselitista' anti-teísta[11].

A funcionalidade da religião

A par de uma certa tensão, existiu também uma simpatia histórica entre a modernidade liberal e o cristianismo[12]. Logo no início, foi John Locke quem adiantou o argumento – posteriormente glosado, refinado e desenvolvido – de que só o cristianismo poderia dotar uma sociedade livre de fundamentos morais sólidos. Qualquer outra fonte de moralidade careceria de sublimidade, força interior e poder de convicção[13]. Voltaire, ao mesmo tempo que bramava *"écrasez l'infâme!"*, reconhecia os benefícios sociais da religião: "quero que o meu advogado, o meu alfaiate, os meus criados e mesmo a minha mulher acreditem em Deus, pois isso significa que eu serei vigarizado, roubado e atraiçoado com menos frequência". Na outra estrada para a modernidade[14], o iluminismo britânico – céptico, mas também sensato, prático e cortês face ao 'homem comum', ao contrário do seu homónimo continental – manifestou uma atitude tolerante e até benigna face à religião. Entre outros, Adam Smith apontou a sua utilidade social, moral e política. Mesmo David Hume registou o efeito salutar da crença em Deus e notou que as igrejas institucionais poderiam constituir um correctivo da estridência e fanatismo. Em qualquer caso, a religião revelada

[11] A réplica 'teísta' foi abundante: ver, p.e., *The Language of God: A Scientist Presents Evidence for Belief*, de F. Collins; *The Dawkins Delusion?: Atheist Fundamentalism and the Denial of the Divine*, de A. McGrath; *The God That Did Not Fail: How Religion Built and Sustains the West*, de R. Royal.

[12] A posição liberal sobre a religião não é obviamente homogénea e foi muito afectada pela questão da separação entre a Igreja e o Estado. Locke, na esteira de Spinoza, teria adoptado duas estratégias para tratar dessa questão – a privatização da religião e a 'racionalização' do cristianismo – que influenciaram decisivamente os pensadores posteriores. Sobre este assunto ver Faisal Baluch, "Review of «Civil religion: A Dialogue in the History of Political Philosophy», by Ronald Beiner", *Interpretation: A Journal of Political Philosophy*, 38 [3], fall 2011, pp. 243-59.

[13] Cf. *The Reasonableness of Christianity and A Discourse of Miracles*.

[14] Cf. Gertrude Himmelfarb, *The Roads to Modernity*, Vintage Books, New York, 2005, pp. 40 e seguintes.

não é levada inteiramente a sério. É um 'factor higiénico', espécie de *placebo* eficaz: controla, consola e pacifica as massas; morigera e contém os príncipes. Seria talvez um ópio, sim, mas muito conveniente. Por seu turno, também Burke valoriza positivamente o papel da religião – bem como da tradição, costume e 'preconceito', sob os quais estaria latente a verdadeira sabedoria – na edificação moral e coesão social. E avisa que o vazio deixado pelo cristianismo, a acontecer, "seria preenchido por alguma rude, perniciosa e degradante superstição"[15]. (Um século depois, já com alguma experiência na matéria, Chesterton dirá o mesmo: quando as pessoas deixam de acreditar em Deus, não é que passem a não acreditar em nada, passam sim a acreditar em tudo.) Do outro lado do Atlântico, os pais fundadores americanos tiveram intuições idênticas: arredar a religião seria fazer implodir o auto-governo republicano e fazer explodir o *melting pot*.

Kant elaborou a sua ética de modo formalmente independente de Deus e lamenta ter-se visto forçado "a limitar o alcance da razão para encontrar lugar para a fé" (o que não ajudou muito...). Mas viu-se também obrigado a postular a constelação dos três objectos supremos da Razão – Deus, a imortalidade da alma, a liberdade – como condição de possibilidade do agir moral e da vida pública. E é difícil não reconhecer um genuíno cristianismo na base dos seus imperativos[16]. Na Inglaterra vitoriana, encontramos em John Stuart Mill uma 'indulgência' semelhante à dos iluministas britânicos, embora mais genuína. O Mill de "*Theism*" – em contraste com o Mill de "*On Liberty*" ou de "*The Utility of Religion*" (que destilam uma hostilidade banal ao cristianismo, depois aparentemente abandonada) – presta sincera homenagem à crença na imortalidade, à ideia de Deus e à figura de Cristo, pelo seu valor humanizador e elevador dos padrões[17]. E o seu coetâneo Tocqueville, com base na sua expedição americana, sugeriu de forma persua-

---

[15] Cf. Gertrude Himmelfarb, *The moral Imagination*, Ivan R. Dee, Chicago, 2006, p. 6.
[16] Cf. Marcelo Pera, *Por qué debemos considerarnos cristianos*, Ediciones Encuentro, 2010, pp. 52 e seguintes.
[17] Cf. Gertrude Himmelfarb, "John Stuart Mill: The Other Mill", em *The moral Imagination, ibidem*.

DEMOCRACIA LIBERAL – A POLÍTICA, O JUSTO E O BEM

siva que um regime despótico poderia funcionar sem religião, mas que sem ela seria impossível governar em liberdade[18].

Quase nos nossos dias, o agnóstico liberal Benedetto Croce, tendo em mente o legado civilizador, beneficente e cultural do cristianismo, considerou-o a "maior revolução jamais experimentada pela humanidade"[19]. Karl Popper ao explicar por que razão considera que a nossa sociedade aberta – democrática e liberal – é 'a melhor', remete para os "modelos e valores que recebemos, por intermédio do Cristianismo, da Grécia e da Terra Santa – de Sócrates e do Antigo e Novo Testamento"[20]. E Jürgen Habermas, numa perspectiva friamente secular, reconhece a "contribuição funcional" das tradições religiosas "no que se refere à reprodução de motivações e atitudes desejadas" numa sociedade democrática[21]. Os ideais universais de liberdade e solidariedade, de autonomia e emancipação, da consciência individual e dos direitos humanos, seriam mesmo uma "herança directa da ética judaica de justiça e da ética cristã do amor"[22]. Por fim, o 'laico' Marcelo Pera chega a dizer que se não fosse a mensagem cristã, "que transformou todos os seres humanos em pessoas à imagem de Deus, os indivíduos não teriam dignidade"; e que "os nossos valores, direitos e deveres de igualdade, tolerância, respeito, solidariedade e compaixão nasceram do sacrifício de Deus"; e que "a nossa atitude face aos outros, a todos os outros, independentemente da sua condição, classe, aparência ou cultura é formada pela revolução cristã"; enfim, que "mesmo as nossas instituições são inspiradas pelo cristianismo, incluindo as instituições de governo que rendem a César apenas o que é de César"[23].

---

[18] Cf. Alexis de Tocqueville, *Da Democracia na América*, Cap. 9.

[19] Cf. Benedetto Croce, "Perché non possiamo non dirci cristiani".

[20] Cf. Karl Popper, *Conjecturas e Refutações*, Almedina, Coimbra, 2003, pp. 491, 492.

[21] Cf. Jürgen Habermas, *Dialéctica de la Secularización*, Ediciones Encuentro, 2006, p. 43.

[22] Cf. Jürgen Habermas, "Time of Transitions", *Polity Press*, 2006, pp. 150-151. Para uma discussão sobre a posição de Habermas sobre a tensão entre razão e fé, ou Atenas e Jerusalém, ver Miguel Vatter, "Habermas between Athens and Jerusalem: Public Reason and Atheistic Theology", *Interpretation: A Journal of Political Philosophy*, 38 [3], fall 2011, pp. 243-59.

[23] Cf. Marcelo Pera, *Without Roots: The West, Relativism, Christianity, Islam*, Basic Books, New York, 2006, pp. 36-37 e notas.

A ambiguidade da 'religião civil'

Em síntese, um coro significativo de pensadores insignes (maioritariamente agnósticos ou ateus) duvida da capacidade de sobrevivência de sociedades livres, democráticas e respeitadoras da dignidade humana, quando privadas do suporte dos hábitos e atitudes fundados na fé bíblica. No fundo, antecipando ou seguindo Tocqueville, percebem três coisas: primeiro, que a cultura – o mundo interior e vital, os costumes – é 'prioritária' relativamente à política e ao direito (no sentido de que lhes é anterior e os sustenta); segundo, que a religião está no coração da cultura[24]; terceiro, que aquela fé tem um papel insubstituível no Estado secular moderno, como gerador de 'ecologia moral'. O cristianismo afirmou a responsabilidade da consciência de cada um face a Deus e protegeu a esfera pessoal frente ao Estado, abrindo o caminho para o respeito da liberdade e igualdade. Através dessa religião, as pessoas aprendem a temperança no consumo e endividamento, a manter as promessas, a respeitar os outros como pessoas – em vez de os tratar como objectos, meios ou obstáculos –, a preocupar-se pelos mais desfavorecidos, a obedecer à lei, a responder ao chamamento do seu país para o serviço militar, etc.[25]. O Estado secular moderno estaria a viver dos rendimentos do *stock* de capital espiritual acumulado no passado, agora delapidado. Marcelo Pera sugere, aliás, que precisaríamos de uma 'religião cristã não denominacional' – com a qual colaborariam de bom grado os 'laicos' humanistas como ele – espécie de religião civil capaz de permear os valores da sociedade liberal, para que seja possível viver e respirar em liberdade e para que o direito funcione.[26]

Isto é muito razoável: em última análise moralidade e comunidade têm um fundamento transcendente. Contudo, a insistência e concen-

---

[24] Cf. Mary Ann Glendon, "Secularism and Secularity", Conferência no âmbito do *Religion and Civil Society Project*, Universidade de Navarra, Maio de 2010.

[25] Cf. M. A. Glendon, *ibidem*.

[26] Mesmo no seio do pensamento iliberal moderno, encontramos a percepção de que a sociedade não pode despedir Deus, sem mais: Nietzsche não deixou de ficar perturbado com as consequências políticas da 'morte de Deus'; e a posição de Heidegger pode talvez estar desvelada na sua famosa declaração de 1966, publicada postumamente no *Der Spiegel*: *"Nur noch ein Gott kann uns retten"* ("Só um Deus pode ainda salvar-nos"). Ver Miguel Vatter, *op. cit.*, p. 299.

DEMOCRACIA LIBERAL – A POLÍTICA, O JUSTO E O BEM

tração nos efeitos políticos benignos da religião tradicional é problemática, quer do ponto de vista político quer do ponto de vista religioso, ou pelo menos cristão.

Por um lado, a ideia de religião civil corresponde a uma visão instrumental e utilitarista da religião, que obscurece o 'primado de Deus': a procura de Deus, a condescendência divina e o encontro salvador com Ele, como Sumo Bem. O cristianismo não é uma receita para o progresso e bem-estar do mundo, ao contrário do que insinuaram o Grande Inquisidor de Dostoievski ou o Anticristo de Soloviev (autor de um opúsculo sobre o tema, intitulado "O Caminho Aberto para a Paz e Prosperidade Universais"). Não é um mero sistema de vida ou ingrediente de civilização. Claro que o cristianismo está chamado a ser fermento, sal e luz, e a 'renovar a face da terra' – o que é prova e pedra-de-toque da sua autenticidade. Mas isso vem 'por acréscimo'. De resto, a redução do cristianismo a um moralismo – e, mais ainda, a argamassa política – seria contraproducente, mesmo ao nível dos seus efeitos humanitaristas, uma vez que desvaneceria a relação com Aquele de onde provém a sua força. E acabaria presa fácil do cinismo e da hipocrisia – como acontece com qualquer 'religião política' –, quando não do asfixiante 'abraço do poder'[27]. Aliás, um dos benefícios da secularização foi o de ter tornado improvável o 'cristianismo burguês' ou mundano, por inércia ou tradição, uma vez que a opção cristã não é hoje fácil de tomar. (Esse benefício teve um preço elevado, contudo: ter desertificado a paisagem moral, dificultando a procura e o exercício do bem).

Por outro lado, atendendo aos proveitos sociais das grandes religiões e, ao mesmo tempo, à sua inter-conflitualidade, aquela visão utilitária resvala facilmente para a ideia de 'religião mundial' (tentação que podemos detectar desde entre os sectores mais ideológicos da ONU e adeptos do governo mundial até a teólogos descrentes como Hans Küng): uma religião sintética, sentimental e moralmente 'correcta'. Sendo uma construção artificial e postiça, nem quente nem fria, espécie de Esperanto religioso (como já alguém disse), essa nova 'religião' seria obviamente incapaz de suscitar adesão vital. Seria apenas

[27] Cf. J. Ratzinguer, *Jesus de Nazaré*, A Esfera dos Livros, Lisboa, 2007, p. 72.

uma ferramenta tosca para objectivos políticos globais, cujo potencial totalitário não é de admirar.

Em terceiro lugar, as fundações éticas de uma ordem política justa não exigem absolutamente o recurso às verdades reveladas, mas são inteligíveis pela razão despojada, desde que não curvada sobre si própria. Com efeito, o papel da religião no debate político não é impor concepções de bem indisponíveis para os não crentes "mas purificar e iluminar a descoberta racional dos princípios morais objectivos"[28] e libertar energias espirituais reprimidas. E o facto de certos princípios e argumentos racionais serem apresentados também (ou principalmente) pela Igreja Católica, por hipótese, não os converte em argumentos 'religiosos': não os desqualifica nem legitima a sua desclassificação 'na secretaria' do jogo político.

Todavia, o pluralismo moral e religioso vigente nas sociedades democráticas modernas parece desaconselhar a aspiração de fazer descansar os ideais do Estado de Direito numa antropologia particular (ainda que verdadeira) como a cristã, recomendando antes a opção por um alicerce mais consensual, negocial e 'político'. A este propósito, John Rawls e outros sustentam – também por razões morais, relacionadas com a equidade e liberdade recíproca dos cidadãos – que uma sociedade justamente ordenada não apenas dispensa o recurso a quaisquer visões 'abrangentes', mas até exige a sua exclusão do debate público. Defendem também, de um ponto de vista prático, que a experiência da vida numa sociedade livre seria suficiente em si própria para gerar o acordo moral mínimo: os ideais e virtudes cívicas de moderação e *self-restraint* que uma sociedade decente requer. Contudo, é precisamente esta perspectiva que parece estar abalada, como vimos acima, quer no tocante à 'razoabilidade' da auto-suficiência da razão, do 'pluralismo razoável' e da neutralidade moral do Estado, numa concepção política liberal de justiça dita *freestanding*, quer no que respeita à sua viabilidade empírica.

---

[28] Cf. Bento XIV, *Meeting with the Representatives of British Society*, Westminster, 2010.09.17.

A esfera, a cruz e o crescente

Numa das suas novelas[29], Chesterton conta as aventuras de dois personagens – MacIan e Turnbull: um 'fundamentalista cristão' e um 'fundamentalista ateu', diríamos hoje – que passam o tempo a fugir da polícia para ter a oportunidade de se bater em duelo sobre a mais importante questão desta vida: a existência de Deus. É uma espécie de parábola dirigida contra a pretensão do mundo moderno de trivializar e privatizar essa questão, remetendo Deus para a clandestinidade.

Não devemos fechar ouvidos ao clamor dos Turnbull do nosso tempo. Não que o ateísmo esteja em condições de constituir uma alternativa moral séria: historicamente, os sistemas políticos ateus exibem registos de malvadez insuperável; intelectualmente, é seguramente possível encontrar formas nobres de ateísmo, embora as tentativas de encontrar um substituto imanente para um Deus bom terminem invariavelmente entre o desespero e a exasperação. Contudo, é admissível – como fizeram Romano Guardini ou Martin Buber – descobrir uma virtude purificadora no ateísmo, capaz de fazer despertar a nossa religiosidade sonolenta e descafeinada, e de depurar as falsas imagens de Deus forjadas pelos crentes[30]. É nesse contexto também que se inscreve a crítica cristã da religião em Karl Barth ou Dietrich Bonhoeffer. De resto, o moralismo dos velhos 'mestres da suspeita' – no meio das suas mitologias, blasfémias e caricaturas – não deixa de interpelar a consciência das pessoas piedosas. É certo que somos mesmo (im)perfeitamente humanos, que não pretendemos um paraíso terreno e que sabemos não estar sozinhos no mundo. Mas isso não desculpa a moral de 'frutos proibidos', o conformismo e passividade, a mediocridade ou cobardia, a 'fé morta'. Como para Baudelaire, também para nós "é mais difícil amar a Deus do que crer n'Ele".

Em qualquer caso, as religiões exprimem a procura da verdade mais auto-determinante e última por parte do homem. É certo que essa demanda é um esbracejar para o Alto, no escuro, como que

---

[29] *The Ball and the Cross*, 1909.

[30] Cf. Romano Guardini, "Fenomenologia e teoria della religione", *Scritti filosofici*, vol. II, Milano, 1964, p. 280; e Martin Buber, *Eclipse of God. Studies in the Relation between Religion and Philosophy*, 1953.

tacteando o mistério, e não está isenta de patologias e distorções. Bento XVI sugere que essas perversões surgem quando se dispensa o papel correctivo da razão no interior da religião, concluindo que a conversação entre o mundo da razão secular e o mundo da fé religiosa é necessária para ambas[31]. Talvez se possa afirmar que "a patologia da religião é a mais perigosa doença do espírito humano"[32]. Mas essa doença manifesta-se da forma mais letal e medonha precisamente onde a religião como tal é rejeitada e os bens relativos são absolutizados, conduzindo à alienação e idolatria máximas, como acontece(u) no ateísmo contemporâneo. No século XX tivemos experiências trágicas dessa divinização e adoração do poder, associada à vampirização da individualidade e vida pessoal dos cidadãos. Quando a existência de Deus é negada, o homem é separado da verdade sobre ele próprio e a liberdade deixa de fazer sentido. "Se não há verdade sobre o homem, então ele não tem liberdade"[33].

Acresce que a 'religião' não é um bloco homogéneo, em confronto com o liberalismo secular. As religiões não são todas iguais. Em geral, merecem igual respeito pelo Estado, desde que salvaguardadas exigências justas da ordem pública. Em concreto, é razoável traduzir no espaço público a representatividade social de cada uma, desde que isso não constranja a liberdade das convicções minoritárias. De resto, sob certos aspectos éticos e políticos – embora não todos – o cristianismo tem mais em comum com a modernidade liberal do que com o islamismo, por exemplo. No fundo, como dizia ainda Chesterton, muitos dos ideais modernos são antigas ideias cristãs enlouquecidas e virtudes cristãs desaustinadas. Apesar de tudo (i.e., da cristofobia latente ou manifesta), é mais fácil, de longe, ser ou tornar-se cristão (ou muçulmano, ou praticante de qualquer outra religião ou irreligião) no ocidente secularizado post-cristão, do que ser ou converter--se cristão em qualquer país muçulmano (ou hindu). Não por acaso, a 'liberdade dos modernos' e a cultura da igualdade política floresceram

---

[31] Cf. Bento XIV, *Meeting with the Representatives of British Society*, Westminster, 2010.09.17.

[32] Cf. Joseph Ratzinguer, *Truth and Tolerance: Christian Belief and World Religions*, Ignatius Press, San Francisco, 2004, p. 258.

[33] Cf. Joseph Ratzinguer, *ibidem*.

– ainda que arduamente – em solo cristão, como diria Marcelo Pera[34]. Há um nexo intrínseco entre o cristianismo e a democracia liberal[35], uma afinidade congénita quer na valorização da liberdade e da razão, da consciência individual e da autonomia das realidades terrenas, quer na distinção entre as 'duas cidades' ou entre a esfera jurídica e a moral. E isto não é indiferentismo religioso ou relativismo. Não é que "o erro tenha os mesmos direitos que a verdade". Corresponde, sim, à verdade que afirma o direito moral – baseado na dignidade humana – de procurar a verdade e seguir a sua própria consciência em matéria religiosa, sem coacção. Também porque o acto de fé só faz sentido, por sua própria natureza, se for livre.

Por fim, é ainda verdade que o cristianismo é um 'iluminismo'. Correspondeu a uma espécie de desencantamento do mundo antigo, uma desmitologização. É a religião do *logos*, da razão. Esse povo que vivia nas trevas, sem "esperança e sem Deus no mundo" (Ef. 2,12), viu uma grande luz. O iluminismo cristão libertou o homem (como tinha começado a fazer o judaísmo) da sombra dos ritos mágicos do paganismo. E continua a ser um dique face aos assaltos recorrentes do irracionalismo: dos poderes ocultos e tenebrosos do acaso, do caos e do nada.

---

[34] Cf. Marcelo Pera, *Por qué debemos considerarnos cristianos*, Ediciones Encuentro, 2010, p. 28.

[35] Como é sabido, na formação da democracia liberal pesaram também a filosofia e o direito da Grécia e Roma antigas, bem como contributos celtas, germânicos e islâmicos, entre outros. Mas pode reconhecer-se que foi através da tradição judaico-cristã que essas inspirações encontraram harmonização, consolidação e viabilidade. Esta conexão é contestada por Amartya Sen – p.e. em *The Idea of Justice*, Harvard University Press, 2009, pp. 227 e seguintes – para quem a ideia de democracia liberal pode ser achada em diversas tradições culturais e religiosas (e particularmente na Índia). Julgo que Sen terá alguma razão, no sentido de que os argumentos de razão natural que sustentam essa ideia são tão universais quanto a natureza humana (o que aliás abonaria a favor da cognoscibilidade de 'direitos naturais'). Mas, a meu ver, a sua explicação carece, por um lado, de uma sugestão do nexo intrínseco existente entre essas culturas (budismo, hinduísmo, islamismo...) e o liberalismo democrático e, por outro, de uma justificação para que essa ideia não tivesse prosperado nessas outras paragens.

Uma verdade necessária?

Em qualquer caso, será mesmo preciso que a religião seja verdadeira? Do ponto de vista político, não bastará que pregue convincentemente uma moral – individual e social – e a vida eterna? Não sei responder a essa questão. Apenas podemos dizer que parece razoável admitir – *a priori* – que o valor libertador e civilizador de uma religião depende do seu grau de verdade: do que nela seja digno de fé ou da razão humana, da sua realidade, da sua correspondência com o que Deus revelou sobre Si próprio (e sobre nós). Mas a validação desta conformidade está fora da política[36]. Nesta perspectiva, a secularização e a laicidade bem entendidas são evoluções positivas das sociedades abertas e plurais, porquanto preservam a liberdade religiosa dos cidadãos, a liberdade das diversas confissões e a liberdade dos Estados. O Estado fará bem em acolher livremente no espaço público as perspectivas morais e culturais de fundo religioso. E os crentes farão bem em participar no debate racional democrático, promovendo o bem comum – o respeito pela vida, a liberdade, a solidariedade, a família... – de modo coerente com a sua fé. De resto, a distinção entre 'seculares' e 'crentes' não separa os espíritos inquietos dos convencidos: os crentes não podem deixar de procurar incessantemente a verdade; os liberais seculares já foram também, de algum modo, tocados por ela[37]. É nesse contexto de liberdade que se enquadra a proposta cristã, bem como a provocação seguinte.

No artigo de abertura do *The Spectator* da semana da Páscoa de 2001[38], o autor efabulava sobre o que aconteceria no mundo se alguém encontrasse as ossadas de Jesus de Nazaré, afinal morto e não ressuscitado: comoção universal, pânico, desespero (aliás, perfeitamente justificado); mas também regozijo e desforra. Claro que o cristianismo poderia subsistir como artefacto cultural, fonte incomparável de história, política, caridade, arte e civilização. Qual seria, porém, o sen-

---

[36] Contudo, do ponto de vista pessoal, a 'questão de Deus' é incontornável. Essa 'questão' é eminentemente prática, com consequências normativas sobre o mais importante da vida: não se pode viver de modo hipotético, 'como se Deus não existisse', ainda que porventura exista. Cf. J. Ratzinguer, *Olhar para Cristo*, Tenacitas, 2006, pp. 26 e seguintes.

[37] Cf. J. Ratzinguer, *Without Roots*, *ibidem*, pp. 120 e seguintes.

[38] Cf. *The Spectator*, The Leader: "A Necessary Truth", 14 April 2001.

tido de tudo isso? A 'mais bela história do mundo' não passaria, afinal, de uma lenda e os 'suaves milagres' não passariam de mitos fátuos. Se Jesus não ressuscitou, era simplesmente um homem santo, um rabino liberal, um místico inspirado ou um mestre sábio, como Lao-Tzu, Confúcio ou Sócrates. E isto não chega: nem para a outra vida, nem para esta; nem para nos salvar, nem para fundar uma cultura verdadeiramente humana.

O sepulcro não vazio do carpinteiro da Galileia seria certamente o fim da civilização ocidental. Então, "o futuro religioso da humanidade seria provavelmente travado entre o Islão, por um lado, e formas mais ocidentalizadas de budismo, por outro (em conjunto com a astrologia, meditação transcendental, quiromancia, aromaterapia, o culto da saúde,....). E isso seria exactamente o que deveria ser, se a ressurreição nunca tivesse ocorrido"[39]. Estou longe de ser indiferente à decadência do Ocidente, talvez próxima. Apesar dos seus fracassos e crimes, é porventura a civilização mais digna desse nome, e não apenas pelo seu universalismo: pela sua abertura racional às outras culturas, pela sua inquietação intelectual e moral. Espaço de encontro – e confronto – ente Atenas, Jerusalém e Roma, essa civilização foi também lugar de uma singular aventura histórica de liberdade e comunhão, na expressão de Pierre Manent[40]. Agora, porém, vemo--la envelhecida e triste, empenhada em secar as suas próprias raízes. Talvez, como alguns dizem, não haja civilizações imortais. E, afinal, 'ocidente' significa 'o que está a morrer'. Mas, se fosse só isso, ainda poderíamos ter esperança: "não é um mundo velho que acaba, é um mundo novo que começa", animava S. Agostinho perante o ataque dos Vândalos à cidade de Hipona. No entanto, mais do que consumar o declínio do ocidente, esse jazigo marcaria 'o fim de todas as coisas', como dizia Kant. "Se Cristo não ressuscitou (...) somos os mais miseráveis de todos os homens"[41].

---

[39] *Ibidem.*

[40] Cfr. Pierre Manent, *La raison des nations: Réflexions sur la démocratie en Europe*, Gallimard, 2006, p. 97.

[41] Cf. 1 Cor 15, 17-19.

Se Cristo não tivesse ressuscitado, se não houvesse ressurreição dos mortos, a responsabilidade humana ficaria irremediavelmente truncada. Se o sepulcro não tivesse ficado vazio, o 'vazio' do mundo seria a última palavra. Todas as esperanças humanas seriam miragens. Se não houvesse ressurreição corporal não poderia haver sequer verdadeira justiça, porque a justiça exige de algum modo que seja anulado e revogado o sofrimento humano inocente, presente e passado, como Adorno intuía (embora o considerasse impossível)[42]. "Mas não!" – prosseguia o *The Spectator*, acompanhando o discurso paulino – "Cristo ressuscitou dos mortos, como primícias dos que morreram"[43]. O triunfo da vida sobre a morte não é apenas o coração da história do ocidente. O mundo inteiro gira em torno da verdade da Cruz e da Ressurreição.

Novembro de 2011

[42] Cfr. T. Adorno, *Negative Dialectics*, 1966, III, III (http://www.efn.org/~dredmond/ndtrans.html, 2001).
[43] Cf. 1 Cor 15, 20-21.

ÍNDICE

PREFÁCIO 7

APRESENTAÇÃO: A 'ALMA DA CIDADE' 9

A ABOLIÇÃO DO HUMANO? 15

POLÍTICA E FELICIDADE 25

O CAPITALISMO NO BANCO DOS RÉUS? 35

IMPORTA-SE QUE FUME? – LIBERDADE, RAZÃO E TABACO 49

NO CENTENÁRIO DE PETER DRUCKER – EMPRESA E SOCIEDADE 61

CARIDADE, ÉTICA E MERCADO – A CRISE FINANCEIRA
E A *CARITAS IN VERITATE* 73

JUSTIÇA E DEMOCRACIA – ENTRE A 'TIRANIA DA MAIORIA'
E A 'USURPAÇÃO JUDICIAL' 85

"EU NÃO!" – RESISTÊNCIA LEGÍTIMA E DESOBEDIÊNCIA CIVIL 99

"YES, MINISTER!" – A REFORMA DA ADMINISTRAÇÃO PÚBLICA 109

A CRISE EUROPEIA E O FUTURO DA UNIÃO – UM OLHAR POLÍTICO . . . 119

A 'MORTE DE DEUS' E A CIDADE DOS HOMENS 133

ÍNDICE 149